Weaving at home

위빙 앳 홈

위빙 앳 홈

—

2023년 9월 20일 1판 1쇄 인쇄
2023년 10월 4일 1판 1쇄 발행

—

지은이 이상희
펴낸이 이상훈
펴낸곳 책밥
주소 03986 서울시 마포구 동교로23길 116 3층
전화 번호 02-582-6707
팩스 번호 02-335-6702
홈페이지 www.bookisbab.co.kr
등록 2007.1.31. 제313-2007-126호

—

기획·진행 윤정아
디자인 디자인허브
사진 전가람

—

ISBN 979-11-93049-10-5 (12590)
정가 17,000원

ⓒ 이상희, 2023

이 책은 저작권법에 따라 보호받는 저작물이므로 무단전재와 무단복제를 금합니다.
이 책 내용의 전부 또는 일부를 사용하려면 반드시 저작권자와 출판사에 동의를 받아야 합니다.
잘못 만들어진 책은 구입한 곳에서 교환해드립니다.

책밥은 (주)오렌지페이퍼의 출판 브랜드입니다.

Prologue

대학 졸업 후 패션지에서 피처 에디터Feature Editor로 일하는 동안 혼자 작업하는 다양한 사람들을 인터뷰했습니다. 새로운 사람을 만나 인터뷰하고 글을 쓰는 일도 즐거웠지만, 인터뷰하면 할수록 뮤지션부터 설치미술가, 일러스트레이터까지 혼자만의 공간에서 자신만의 루틴을 만들어 작업하고 새로운 것을 만들어 내는 이들의 삶이 부럽다는 생각을 더 자주 하게 되더군요. 그러던 중에 기사를 위한 자료를 찾다가 우연히 브루클린의 한 위빙 스튜디오를 알게 되었습니다. 섬유공예를 전공한 덕분에 학과 수업으로 위빙의 기초는 배웠는데 이전까지는 고루하게만 여겨지던 위빙이 그들의 손을 통해 신선하고 귀엽게 재탄생하는 것을 보고 놀라움을 느꼈습니다. 이후 위빙 공방을 찾아 배우기도 하고, 위빙 관련 책을 구입해 여러 기법을 따라 하면서 혼자 이것저것 만들기 시작했습니다. 그렇게 주변에서 위빙을 배우고 싶다는 사람들이 생겨나고 수업을 조금씩 하기 시작한 게 지금의 블루아워가 되었습니다. 어영부영 시작한 위빙이 결국엔 나의 삶의 일부분이 되고 8년이 지난 지금까지도 질리지 않는 건, 다양한 색감을 보드랍고 고운 소재의 실로 표현할 수 있는 사랑스러운 매력 때문인 듯합니다.

위빙은 날실을 씨실로 한 줄씩 건너뛰며 통과시키는 기법만 익히면, 털실뿐 아니라 꽃이나 식물, 종이, 길게 자른 천 조각 등 무엇이든 재료가 될 수 있습니다. 심지어 수수깡이나 얇은 줄자같이 가로로 길게 날실에 끼울 수만 있다면 어떤 재료로도 위빙을 할 수 있답니다. 이 책에서는 대부분 램스울 실을 사용했지만 언젠가 사놓고 쓰지 않은 털실이 있다면 그걸 활용해도 좋고, 입지 않는 티셔츠가 있다면 길게 잘라 저지면사로 재사용할 수도 있습니다.

이러한 위빙의 매력을 다른 이들과 나누고 싶어, 집에서 혼자 따라 하기 쉬운 위빙 기법을 위주로 정리해 이 책에 담았습니다. 기본 기법과 줄무늬 기법을 익히는 것만으로도 요즘 소품숍에서 판매하는 위빙 코스터를 금세 만들어 볼 수 있답니다. 위빙과 사랑에 빠지면 혼자 있는 시간이 지루할 틈이 없을 텐데요. 이 책을 통해 내가 느낀 위빙의 사랑스러움이 독자들에게도 고스란히 전달되었으면 좋겠습니다.

Contents

Prologue　　　　　　　　　004

Chapter 1
Weaving Basic

위빙이란	012
위빙 재료와 도구	014
위빙 기본 세팅법	020

Chapter 2
Weaving Something

01 베이직 코스터　026

02 가로 줄무늬 코스터　036

03 세로 줄무늬 코스터　044

04 패턴 북마크　054

05 사선 디자인 북커버　064

06 프린지 행잉　074

07 빈티지 래그 러그　092

08 컬러풀 화분 커버　104

09 에스닉 에코백 포켓　124

10 펜던트 위빙 모빌　134

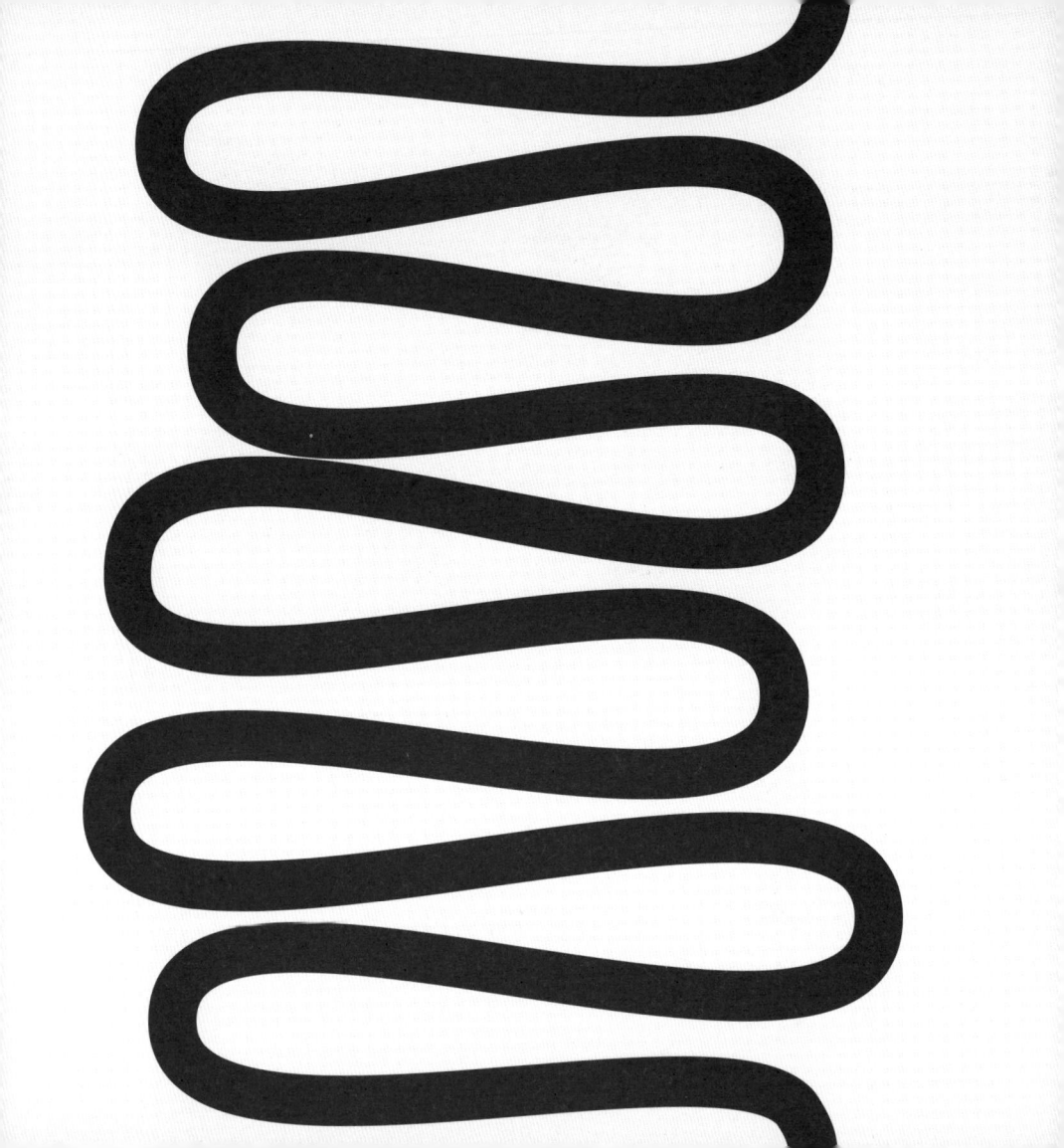

Chapter **1**

Weaving Basic

위빙이란
위빙 재료와 도구
위빙 기본 세팅법

위빙이란

우리나라에서는 생소한 위빙Weaving은 직조라고도 불리는데, 직물을 짜는 기법입니다. 씨실(가로 실)과 날실(세로 실)이 가로세로로 교차하며 직물이 만들어지는 것이죠. 우리나라에선 예전부터 베틀을 이용해 '베를 짠다'라고 표현하기도 해요.

위빙 재료와 도구

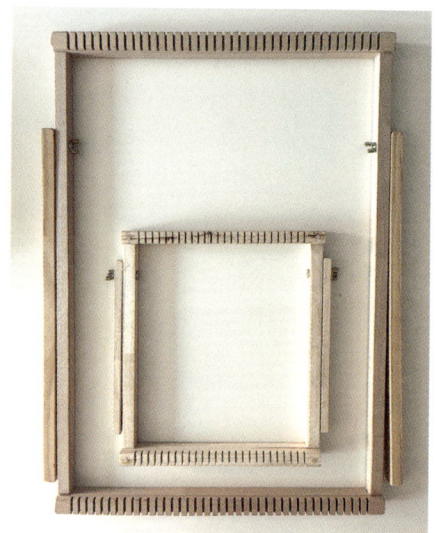

위빙 틀

베틀이라고도 하는 위빙 틀은 사각 형태의 나무 프레임으로 이루어져 있습니다. 위, 아래 일정한 간격으로 파인 홈에 실을 세로로 끼워 날실을 세팅하고, 날실 사이에 실을 가로로 끼우면 씨실이 됩니다. 위, 아래 홈 대신 못이 박힌 위빙 틀도 있지만 초보자에게는 홈으로 이루어진 위빙 틀이 훨씬 다루기가 쉬워요. 위빙 틀의 사이즈는 다양한데 원하는 크기를 구매해 사용하면 됩니다. 이 책에서 사용한 위빙 틀은 두 가지로 작은 것은 27X31cm, 큰 것은 45X64cm입니다.

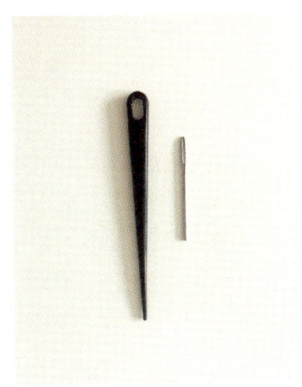

위빙 바늘

날실을 끼워 위빙하는 것부터 마무리 작업할 때 삐져나온 실을 정리하는 것까지 대부분의 위빙 작업은 돗바늘(사진 오른쪽) 하나로 가능합니다. 바늘 끝이 뭉뚝하고 바늘 구멍이 큰 바늘을 사용해야 두꺼운 털실도 끼울 수 있고 작업을 편하게 할 수 있습니다. 돗바늘의 길이는 7cm가 가장 좋지만 길이가 길고 짧은 것은 작업하는 데 큰 영향을 주지 않습니다.

사진 왼쪽의 두껍고 큰 검은색 바늘은 뿔바늘이라고 부릅니다. 원래 위빙 바늘로 나온 용도는 아니지만 최근에는 위빙 시 이용하는 위버들이 많습니다. 뿔바늘은 저지면사와 같이 두꺼운 실로 면적이 큰 래그 러그 등을 만들 때 요긴하게 활용할 수 있습니다.

위빙 콤브
빗이란 의미의 콤브Comb는 씨실이 촘촘하게 쌓이도록 빗어 내리는 역할을 합니다. 빗이 없다면 가정용 포크로 대체 가능합니다.

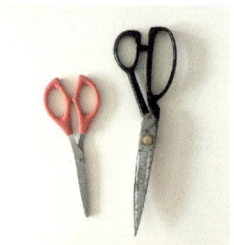

가위
가위는 위빙할 때 필수품인데요. 문구용 가위는 실을 깔끔하게 자르기 어렵기 때문에 수예 가위나 재단 가위를 추천합니다. 수예 가위는 화방이나 대형 문구점에서 손쉽게 구할 수 있습니다.

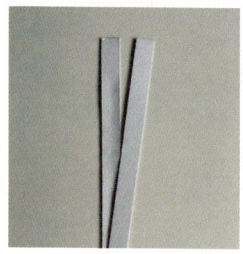

두꺼운 도화지
두꺼운 도화지는 씨실이 아래로 내려가는 것을 막는 용도로 쓰입니다. 직접 잘라 활용해도 되고, 집에 있는 종이나 신문지를 길쭉한 형태로 말아 사용해도 좋습니다.

경사

이 책에서는 면사를 경사로 사용했습니다. 날실이 되는 세팅 실은 대부분 잘 끊어지지 않고 튼튼한 면사를 주로 사용합니다. 두께는 18합, 24합 중 편한 것으로 선택하면 됩니다. 포털 사이트에 위빙 경사로 검색하면 이 책에서 사용한 실과 동일한 실을 구매할 수 있습니다.

램스울

위빙의 씨실로 자주 사용하는 램스울입니다. 색감이 매우 다양하고 가격도 저렴해서 위빙하기에 알맞습니다. 이 책에서는 래그 러그를 만들 때 필요한 저지면사를 제외하고는 모두 램스울로 작업했습니다.

저지면사

래그 러그는 티셔츠얀이라고도 불리는 저지면사로 작업합니다. 우리가 입는 티셔츠 소재인 저지를 가늘게 잘라 이어 붙인 실이라 하여 저지면사라 부르는데요. 저지면사의 두께는 보통 3cm 정도 됩니다.

재료 구매처

벽과공간: 회현역 지하상가에 위치한 벽과공간에서는 램스울 외에도 독특하고 색다른 실이 가득합니다. 다양한 재질과 색감의 실을 직접 만져보고 구매할 수 있어 즐겨 찾는 곳입니다. 물론 위빙 틀과 경사도 구매 가능합니다.

📍 서울시 중구 소공로58

용현섬유: 램스울을 주로 취급하는 용현섬유에 들르면 굉장히 다채로운 색감의 램스울로 인해 무엇을 골라야 할지 한참 고민하며 시간을 보내게 됩니다.

📍 서울시 종로구 종로272 동대문종합시장 B-234호

플레이울: 다양한 종류의 털실을 파는 온라인숍입니다. 영국 털실 브랜드 울앤더갱의 털실을 주로 판매하는데요. 두께와 소재가 무척 다채롭고, 국내에서 구하기 힘든 색감의 실도 찾을 수 있습니다.

🏠 playwool.com

민들레공방: 작은 위빙 틀과 위빙 바늘, 경사 등 기본적인 위빙 도구들을 한번에 구매할 수 있습니다. 가격도 저렴한 편이며, 직접 오프라인숍을 방문하기 어렵다면 여기서 구매하는 것도 좋습니다.

🏠 smartstore.naver.com/kettenblume

위빙 앳 홈

🧵 위빙 기본 세팅법

이제부터는 모든 위빙의 시작이 되는 기본 세팅법을 익혀봅니다. 코스터, 행잉, 러그 등 어떤 제품을 만들든 시작은 항상 다음과 같습니다.

1. 위빙 틀의 위쪽 홈 하나를 기둥 삼아 경사로 둘러 매듭을 짓습니다.

2. 고정된 경사를 수직으로 내려서 아래쪽 홈에 끼워 주세요.

3. 홈을 경사로 감아 팽팽하게 잡아당기며 위로 올려 주세요.

4. 위, 아래 홈을 번갈아 왔다 갔다 하며 경사를 끼워 주세요. 이때 경사가 팽팽할수록 좋습니다.

5. 경사를 위, 아래로 끼운 세로 실이 날실입니다. 세팅된 날실의 수는 짝수가 되어야 해요. 보통 위쪽 홈에서 시작했으면 위쪽 홈에, 아래쪽 홈에서 시작했으면 아래쪽 홈에 실을 끼워 마무리하면 짝수가 됩니다.

위빙 앳 홈

6. 실을 위쪽 홈에 고정시켜 시작했으므로 마무리도 위쪽 홈에서 합니다. 처음과 같이 홈을 기둥 삼아 경사로 둘러서 매듭지어 고정합니다.

7. 대부분의 위빙 작업은 날실을 세팅한 상태에서 아래에 두꺼운 도화지를 끼워 씨실이 내려가는 것을 막아 주어야 합니다. 사진과 같이 두꺼운 도화지로 날실을 1줄씩 건너뛰며 통과시켜 주세요.

8. 1번째 도화지를 아래로 내리고, 그 위에 2번째 도화지를 끼워 줍니다. 이번에는 아래와 교차되도록 날실을 1줄씩 건너뛰며 통과시켜 주세요.

9. 도화지를 사진과 같이 서로 엇갈리게 끼워야 합니다. 자, 이제 위빙을 시작할 준비가 끝났습니다.

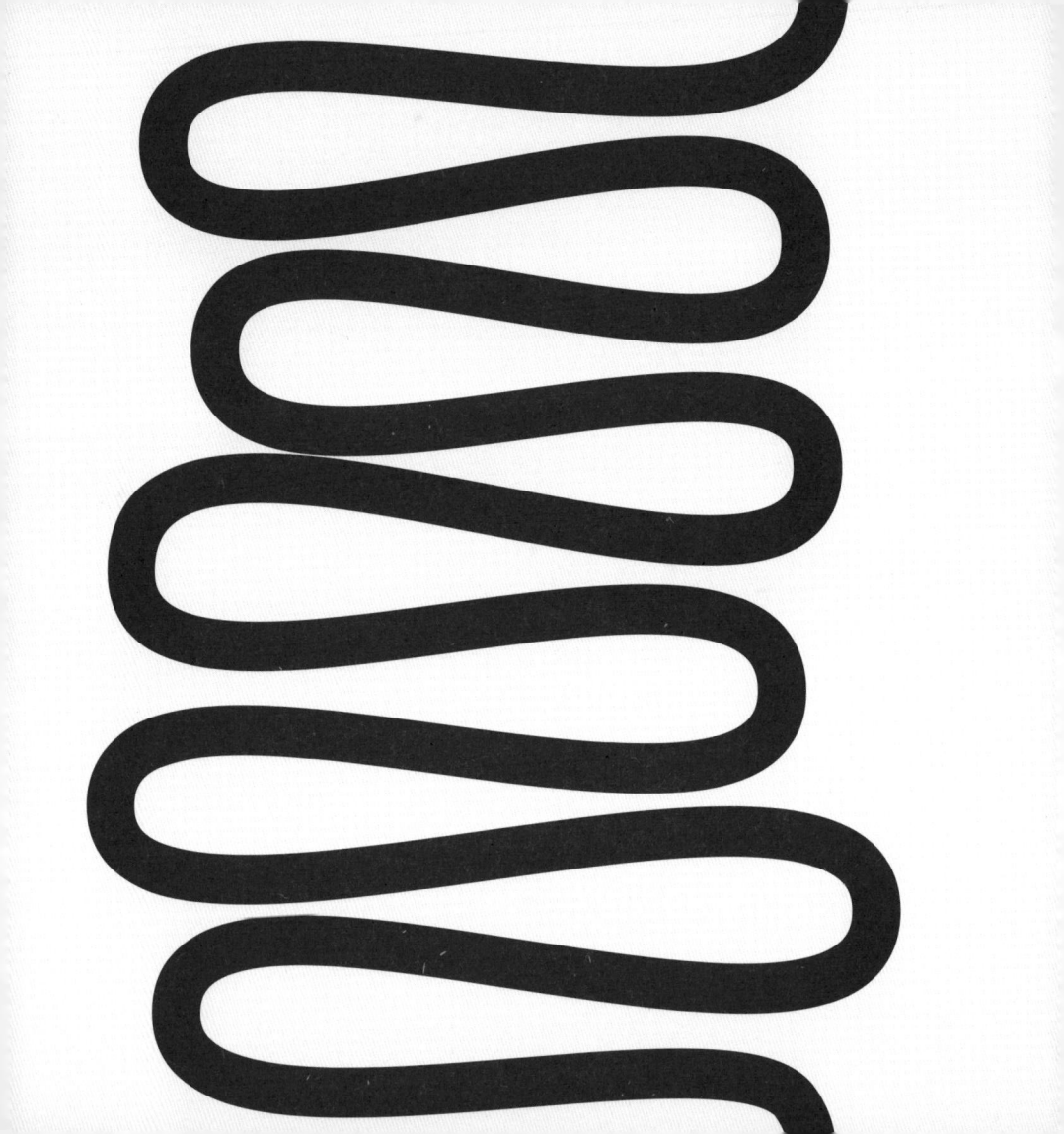

Chapter **2**

Weaving Something

01 베이직 코스터
02 가로 줄무늬 코스터
03 세로 줄무늬 코스터
04 패턴 북마크
05 사선 디자인 북커버

06 프린지 행잉
07 빈티지 래그 러그
08 컬러풀 화분 커버
09 에스닉 에코백 포켓
10 펜던트 위빙 모빌

01 베이직 코스터

위빙의 기본 기법인 평직을 활용해 베이직 코스터를 만들어 봅니다. 기본적으로 돗바늘, 램스울, 경사가 필요합니다. 이 책에서는 램스울을 사용했지만 각자 원하는 두께와 재질의 털실을 자유롭게 활용해도 좋습니다.

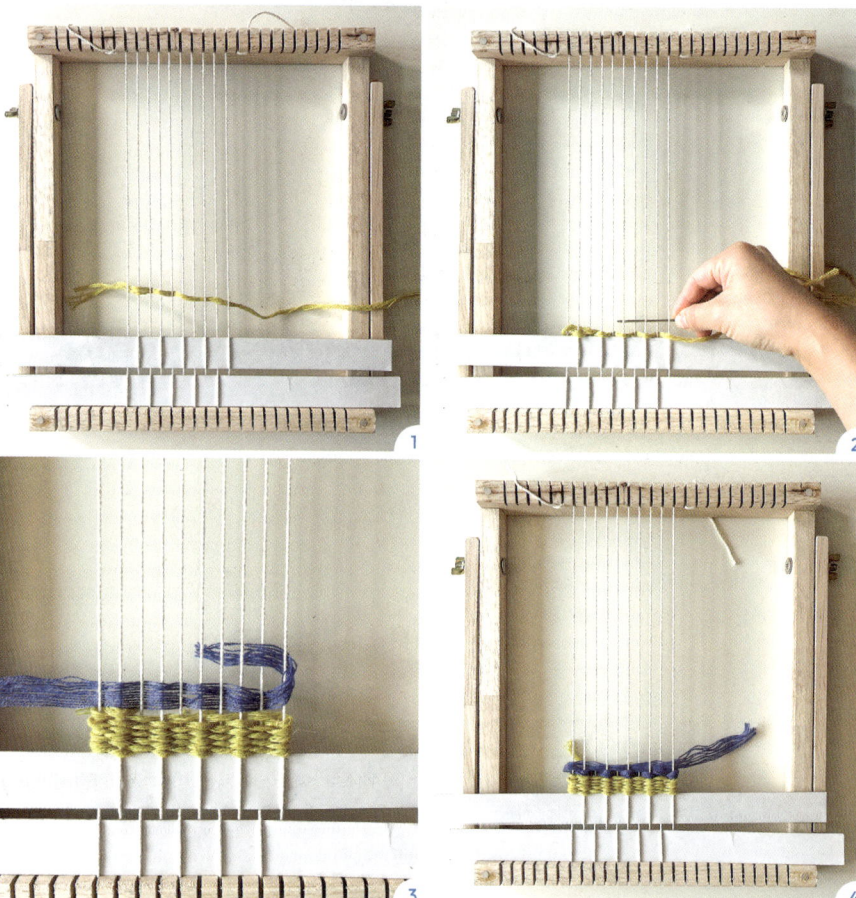

위빙 앳 홈

만드는 법
#

1. 기본 세팅한 위빙 틀을 준비하고 겨자색 실을 씨실(가로 실)로 선택해 돗바늘에 끼워 줍니다. 이때 돗바늘에 끼운 실은 한쪽은 짧게, 한쪽은 길게 빼 주세요. 겨자색 실로 날실(세로 실)을 1줄씩 건너뛰며 통과시켜 1단을 만들어 줍니다. 시작 부분의 실은 사진처럼 5~6cm 남기고 1번째 날실을 한번 감아 뒤로 숨겨 줍니다.

2. 1단이 완성된 상태에서 이번에는 반대쪽에서 다시 날실을 1줄씩 건너뛰며 돌아옵니다. 아래와 교차되도록 날실을 1줄씩 통과시켜 주세요. 상하가 서로 엇갈려야 합니다. 이렇게 2단이 완성됩니다.

3. 겨자색 실로 10단이 될 때까지 왔다 갔다 하며 위빙해 주세요. 이것이 위빙의 기본 기법인 평직입니다. 끝부분의 실은 5~6cm 남기고 날실을 한번 감아 뒤로 숨겨 마무리합니다. 그 다음에 파란색 실로 바꿔 1단을 위빙합니다. 역시 시작 부분의 실은 5~6cm 남기고 날실을 한번 감아 뒤로 숨겨 주세요.

4. 파란색 실로 2단을 위빙해 주세요. 끝부분의 실은 5~6cm 남기고 날실을 한번 감아 뒤로 숨겨 마무리합니다.

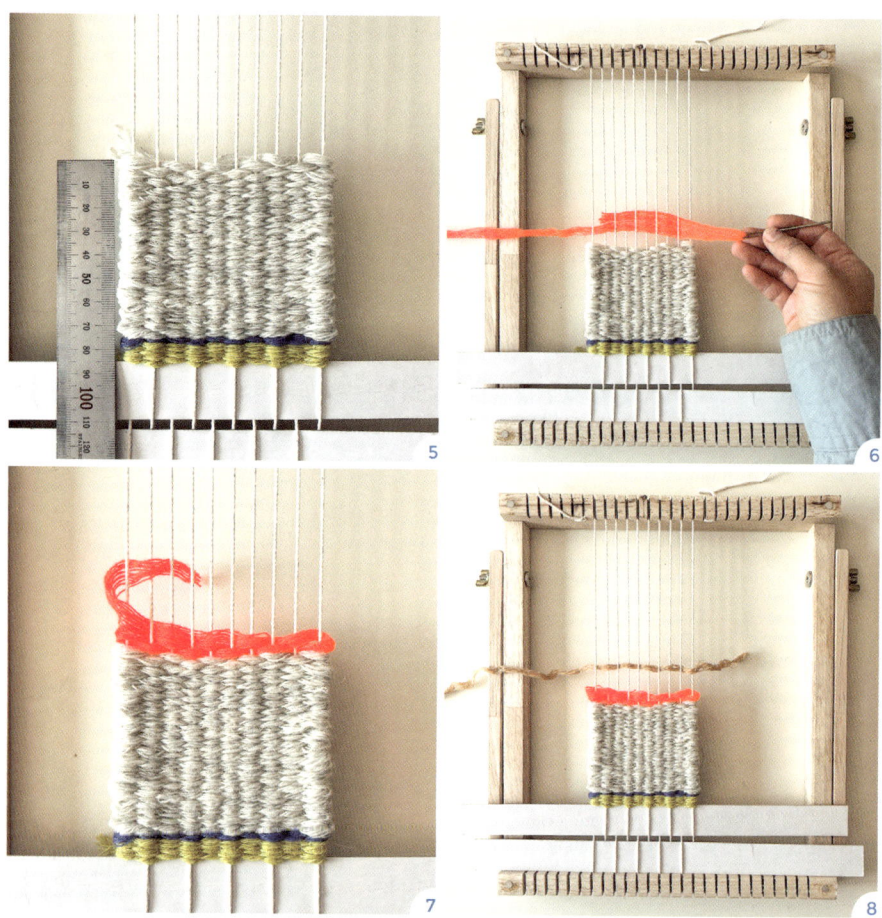

위빙 앳 홈

5. 넓은 면적을 차지하는 회색 씨실은 단의 개수를 세지 않고 가장 아래에서부터 높이 8.5cm가 되도록 위빙해 주세요. 시작 부분과 끝부분의 실은 5~6cm 남기고 날실을 한번 감아 뒤로 숨겨 마무리하는 것도 잊지 마세요.

6. 주황색 실로 파란색 씨실과 같이 2단을 위빙해 주세요.

7. 시작 부분과 끝부분의 실은 5~6cm 남기고 날실을 한번 감아 뒤로 숨겨 마무리합니다.

8. 베이지색 실로 겨자색 씨실과 같이 10단을 위빙합니다.

위빙 앳 홈

마무리하기

1. 기본 세팅할 때 끼워 둔 두꺼운 도화지를 모두 빼 주세요.

2. 기본 세팅할 때 걸어 둔 날실의 위, 아래를 모두 조심스럽게 잘라 코스터를 떼어 냅니다.

3. 위, 아래의 날실을 2줄씩 겹쳐 기본 매듭으로 사진과 같이 묶어 주세요.

4. 양쪽 부분의 모든 날실을 매듭지어 코스터의 형태를 잡아 줍니다.

위빙 앳 홈

5. 이번에는 뒷면을 정리해 줄 거예요. 코스터를 뒤집어 뒷면의 실밥을 짧게 잘라 다듬어 줍니다. 맨 위와 아래의 실 2개만 남기고 모두 잘라 주세요. 코스터 양쪽 끝의 긴 날실도 짧게 잘라 주세요.

6. 베이지색과 겨자색 실의 끝부분은 자르지 않고 남겨 두었다가 돗바늘을 이용해 아래로 바느질하듯 넣어 정리해 주세요. 이렇게 하면 실이 풀리지 않아요.

7. 평직을 활용한 베이직 코스터가 완성되었습니다.

02 가로 줄무늬 코스터

앞에서 위빙의 기본 기법을 배웠으니 이제는 간단한 패턴을 만들어 볼게요. 기본적으로 돗바늘, 램스울, 경사가 필요합니다. 이 책에서는 램스울을 사용했지만 각자 원하는 두께와 재질의 털실을 자유롭게 활용해도 좋습니다.

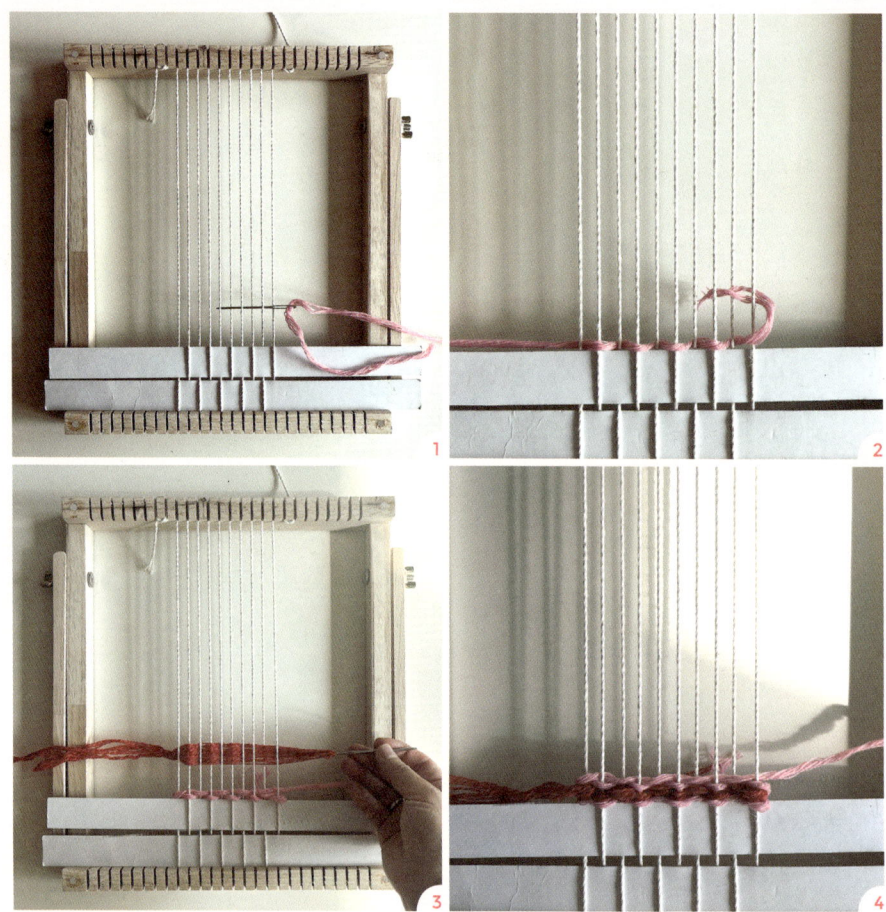

위빙 앳 홈

만드는 법
#

1. 기본 세팅한 위빙 틀을 준비하고 분홍색 실을 골라 돗바늘에 끼워 줍니다. 분홍색 실로 날실을 1줄씩 건너뛰며 통과시킵니다.

2. 시작 부분의 실은 5~6cm 남기고 날실을 한번 감아 뒤로 숨겨 줍니다. 분홍색 실로 2단을 위빙해 주세요.

3. 분홍색 실은 자르지 않고 돗바늘에 끼운 채 그대로 둡니다. 그 다음에 빨간색 실로 분홍색 씨실 위에 2단을 위빙합니다.

4. 빨간색 실도 자르지 않고 돗바늘에 끼운 채 그대로 두세요. 이제 다시 분홍색 실로 빨간색 씨실 위에 2단을 위빙합니다.

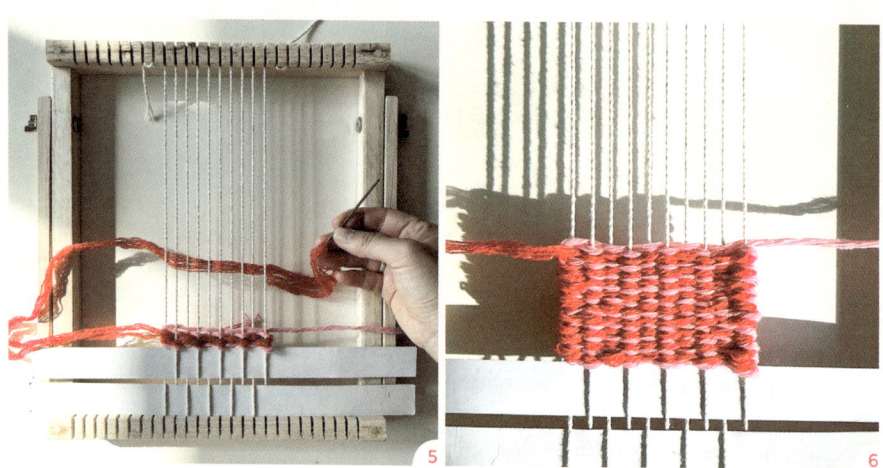

위빙 앳 홈

5. 이어서 빨간색 실로 분홍색 씨실 위에 2단을 위빙합니다. 이렇게 2가지 색의 실을 번갈아 가며 2단씩 차곡차곡 쌓아 줍니다.

6. 2단씩 쌓아 올리다 보면 가로 줄무늬가 보이기 시작하죠? 이런 방식으로 높이 10cm가 될 때까지 위빙해 주세요.

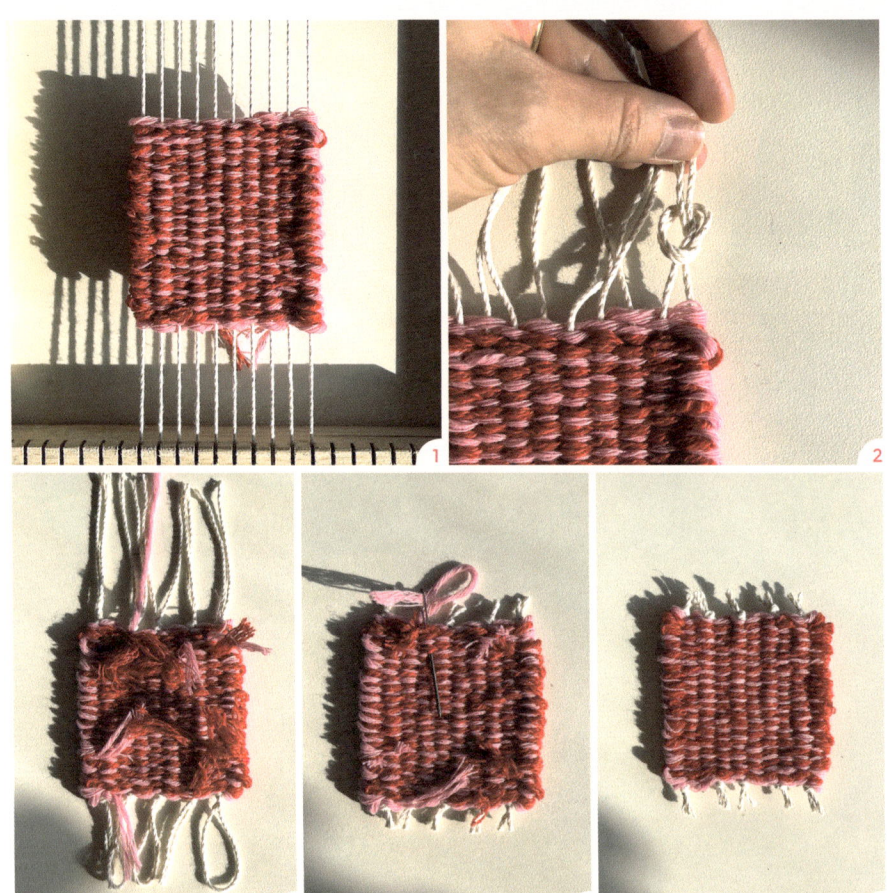

위빙 앳 홈

마무리하기

※

1. 높이 10cm가 되면 위빙을 멈추고 아래에 끼워 둔 두꺼운 도화지를 모두 빼 주세요.

2. 기본 세팅할 때 걸어 둔 날실의 위, 아래를 모두 조심스럽게 잘라 코스터를 떼어 내고 위, 아래의 날실을 2줄씩 겹쳐 기본 매듭으로 묶어 주세요.

3. 양쪽 부분의 모든 날실을 매듭지어 코스터의 형태를 잡습니다. 코스터를 뒤집어 뒷면의 실밥을 짧게 잘라 다듬어 줍니다. 맨 위와 아래의 실 2개만 남기고 모두 잘라 주세요.

4. 위, 아래 실의 끝부분은 자르지 않고 남겨 두었다가 돗바늘을 이용해 아래로 바느질하듯 넣어 정리해 주세요. 이렇게 하면 실이 풀리지 않아요.

5. 가로 줄무늬 코스터가 완성되었습니다.

세로 줄무늬 코스터

(03)

세련되고 깔끔한 세로 줄무늬 코스터를 만들어 보겠습니다. 기본적으로 돗바늘, 램스울, 경사가 필요합니다. 이 책에서는 램스울을 사용했지만 각자 원하는 두께와 재질의 털실을 자유롭게 활용해도 좋습니다.

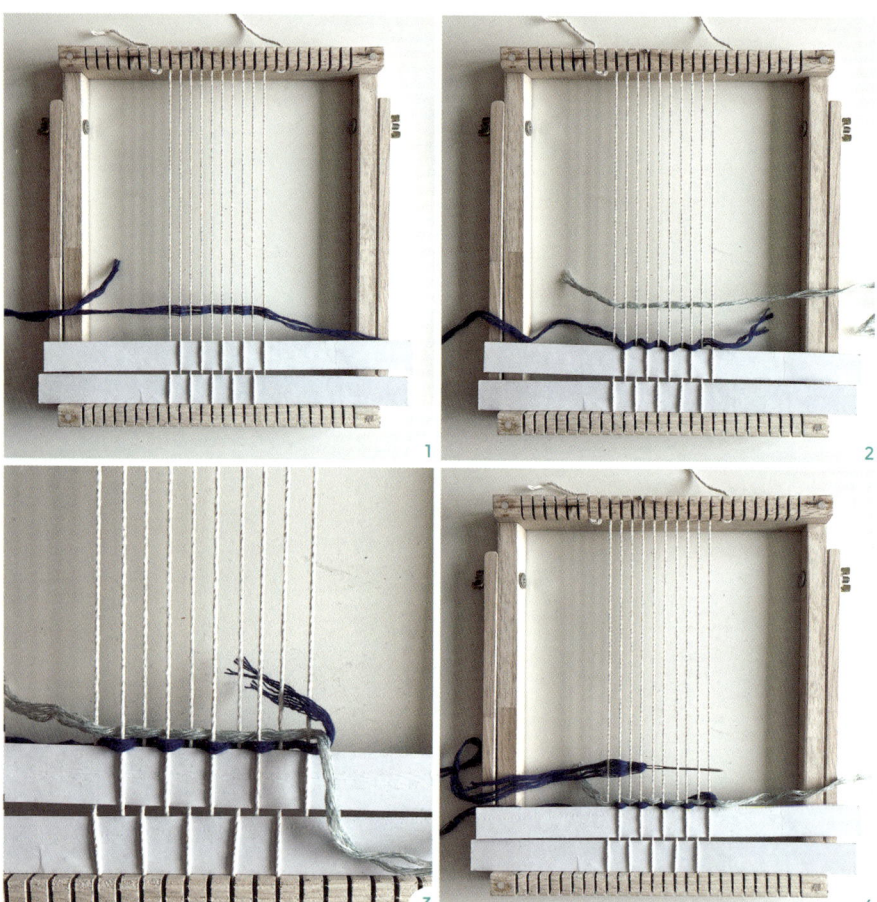

위빙 앳 홈

만드는 법

\#

1. 기본 세팅한 위빙 틀을 준비하고 파란색 실을 골라 돗바늘에 끼워 줍니다. 2가지 색의 실을 동시에 사용할 예정인데요. 1번째 색은 파란색 실로 날실을 1줄씩 건너뛰며 통과시킵니다. 시작 부분의 실은 5~6cm 남겨 두세요.

2. 2번째 색은 민트색 실로 돗바늘에 끼워 파란색 실의 진행 방향과 반대로 날실을 1줄씩 건너뛰며 통과시킵니다. 파란색 씨실이 1, 3, 5, 7, 9번째 날실을 통과했다면, 민트색 씨실은 2, 4, 6, 8, 10번째 날실을 통과해야 합니다. 민트색 실 역시 시작 부분의 실은 5~6cm 남겨 두세요.

3. 파란색 실의 시작 부분에 남겨 두었던 실은 2단 민트색 씨실 위로 감아 뒤로 숨겨 주세요.

4. 돗바늘을 끼운 채 두었던 파란색 실로 민트색 씨실 위에 1단을 위빙합니다.

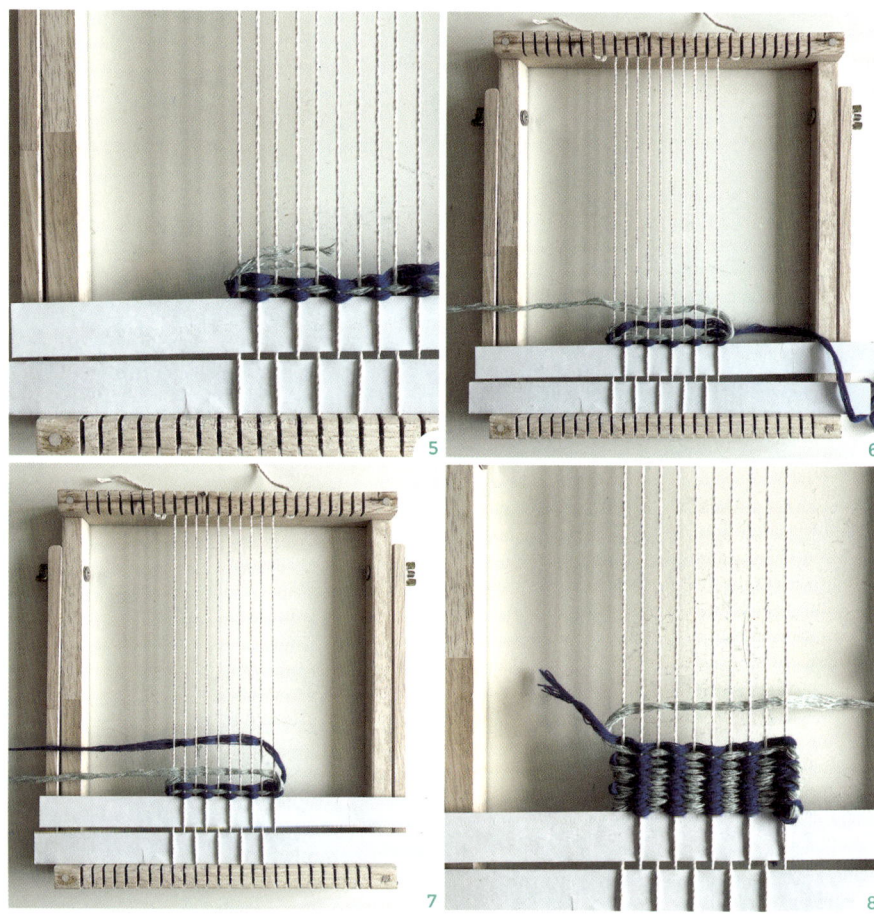

위빙 앳 홈

5. 민트색 실의 시작 부분에 남겨 두었던 실은 3단 파란색 씨실 위로 감아 뒤로 숨겨 주세요.

6. 돗바늘을 끼운 채 두었던 민트색 실로 파란색 씨실 위에 1단을 위빙합니다.

7. 다시 파란색 실로 민트색 씨실 위에 1단을 위빙해 주세요.

8. 이렇게 파란색과 민트색 실을 번갈아 가면서 1단씩 쌓아 줍니다.

위빙 앳 홈

9. 세로 줄무늬가 조금씩 보이죠? 먼저 시작한 파란색 실이 중간에 끝나면 그대로 두고, 민트색 실로 파란색 씨실 위에 1단을 위빙합니다.

10. 남은 파란색 실은 민트색 씨실 위로 올려 날실을 한두 번 통과해 뒤로 숨겨 주세요.

11. 새로운 파란색 실을 돗바늘에 끼우고 다시 위빙을 진행합니다.

12. 높이 10cm가 될 때까지 2가지 색의 실을 번갈아 가며 위빙해 주세요. 마무리할 때 끝부분의 실은 5~6cm 남기고 날실을 한두 번 통과해 뒤로 정리합니다.

위빙 앳 홈

마무리하기

1. 마무리는 다른 코스터와 동일합니다. 두꺼운 도화지를 모두 빼고 위빙 틀의 위, 아래로 고정되어 있는 날실을 조심스럽게 잘라 코스터를 떼어 냅니다. 위, 아래의 날실을 2줄씩 겹쳐 기본 매듭으로 묶어 주세요.

2. 이번에는 뒷면을 정리해 줄 거예요. 코스터를 뒤집어 뒷면의 실밥을 짧게 잘라 다듬어 줍니다. 맨 위와 아래의 실 2개만 남기고 모두 잘라 주세요.

3. 파란색과 민트색 실의 끝부분은 자르지 않고 남겨 두었다가 돗바늘을 이용해 아래로 바느질하듯 넣어 정리해 주세요. 이렇게 하면 실이 풀리지 않아요.

4. 코스터 양쪽 끝의 날실도 짧게 잘라 정리해 줍니다.

5. 세로 줄무늬 코스터가 완성되었습니다.

04 패턴 북마크

이번에는 독특한 패턴을 가진 북마크를 만들어 볼 거예요. 기본적으로 돗바늘, 램스울, 경사가 필요합니다. 이 책에서는 램스울을 사용했지만 각자 원하는 두께와 재질의 털실을 자유롭게 활용해도 좋습니다.

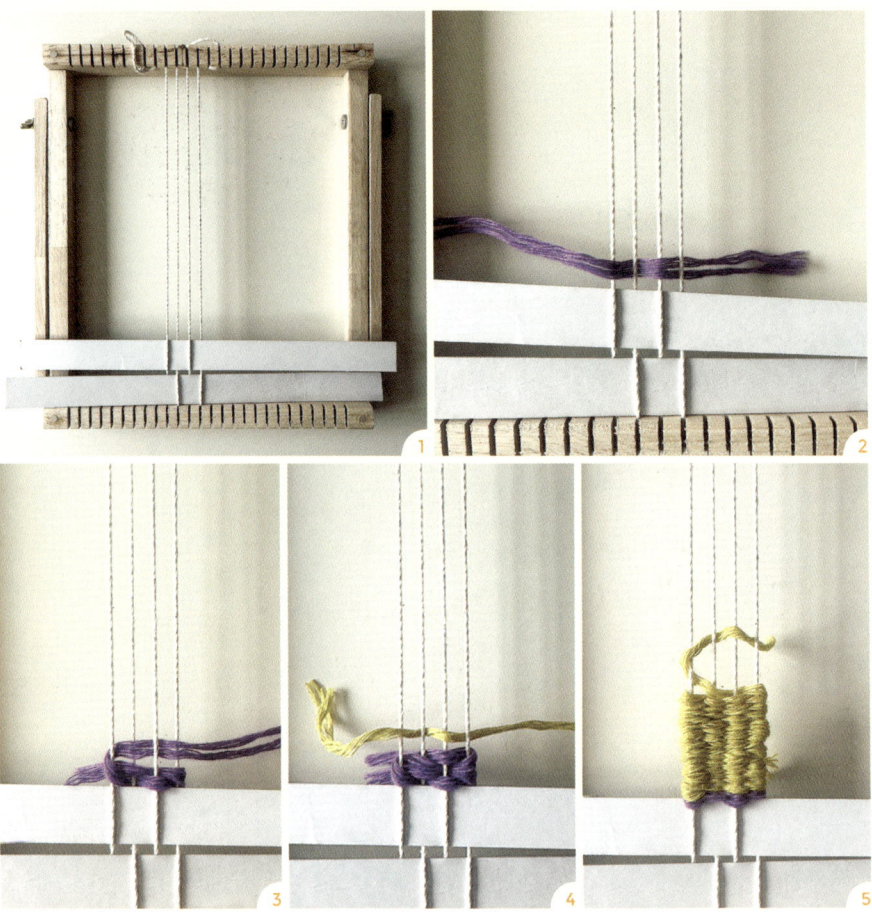

위빙 앳 홈

만드는 법

#

1. 북마크는 코스터보다 좁게 날실을 세팅합니다. 4줄만 세팅해 주세요.

2. 1번째 색으로 보라색 실을 골라 돗바늘에 끼워 오른쪽에서 왼쪽으로 날실을 1줄씩 건너뛰며 통과시켜 줍니다. 시작 부분의 실은 5~6cm 남기고 날실을 한두 번 통과해 뒤로 숨겨 주세요.

3. 보라색 실로 다시 날실을 1줄씩 건너뛰며 돌아와 총 2단을 만들어 줍니다. 끝부분의 실은 5~6cm 남기고 날실을 한두 번 통과해 뒤로 숨겨 주세요.

4. 2번째 색으로 겨자색 실을 골라 돗바늘에 끼워 왼쪽에서 오른쪽으로 날실을 1줄씩 건너뛰며 통과시켜 줍니다. 시작 부분의 실은 5~6cm 남기고 날실을 한두 번 통과해 뒤로 숨겨 주세요.

5. 총 높이가 4cm가 될 때까지 겨자색 실을 위빙합니다. 끝부분의 실은 5~6cm 남기고 날실을 한두 번 통과해 뒤로 숨겨 주세요.

위빙 앳 홈

6. 3번째 색으로 분홍색 실을 골라 짧게 2단만 위빙해 주세요.

7. 4번째 색으로 아이보리색 실을 골라 새롭게 위빙을 시작합니다. 항상 시작 부분의 실은 5~6cm 남기고 날실을 한두 번 통과해 뒤로 숨겨 주세요. 아이보리색 실로는 3단을 위빙합니다.

8. 아이보리색 실은 자르지 않고 돗바늘에 끼운 채 그대로 둡니다. 그 사이 5번째 색인 파란색 실로 1단을 가볍게 위빙해 주세요. 파란색 실의 시작 부분은 5~6cm 남기고 날실을 한번 감아 뒤로 숨겨 주세요.

9. 다시 아이보리색 실로 파란색 씨실 위에 3단을 위빙합니다.

10. 곧이어 파란색 실로 아이보리색 씨실 위에 1단을 위빙합니다. 이제부터는 아이보리색 씨실 3단, 파란색 씨실 1단을 번갈아 가며 쌓아 줍니다. 이런 방식으로 점박이 패턴을 만들 수 있습니다.

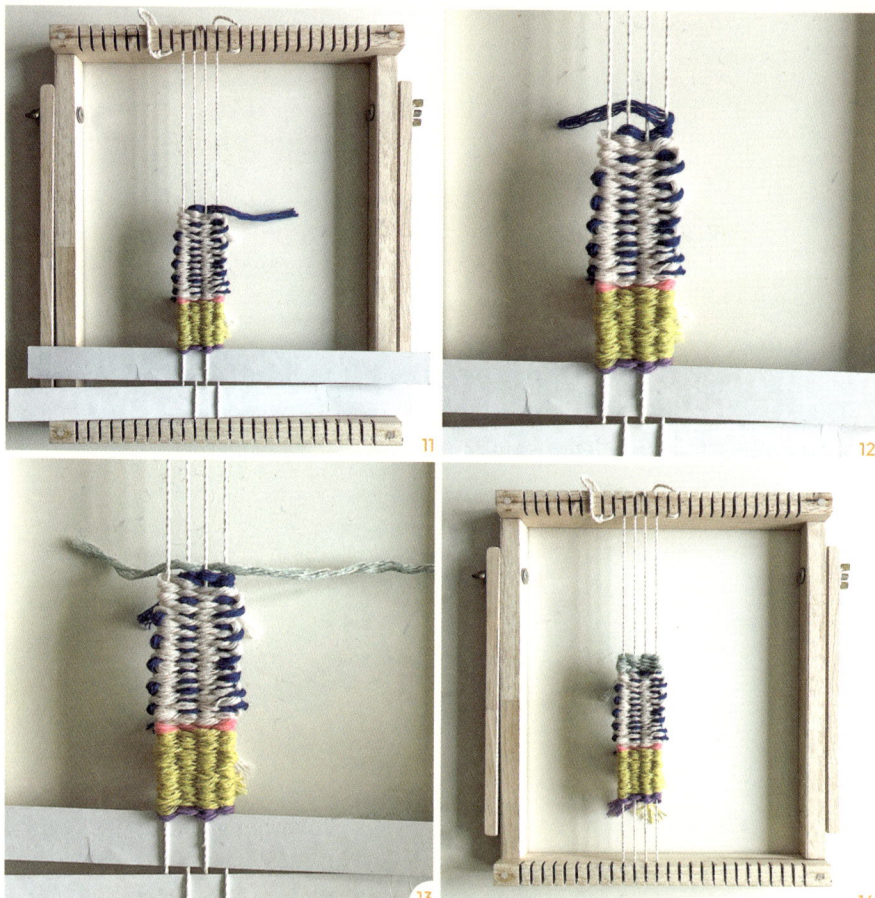

위빙 앳 홈

11. 만들고 싶은 북마크의 길이만큼 자유롭게 위빙하다가 멈춥니다. 아이보리색과 파란색 실의 끝부분은 5~6cm 남기고 잘라 주세요.

12. 사진과 같이 끝부분의 실은 날실을 한번 감아 뒤로 숨겨 줍니다.

13. 6번째 색으로 민트색 실을 골라 위빙해 주세요.

14. 민트색 실로 7단을 위빙한 후 위빙 틀의 가장 아래에 끼워 둔 도화지를 모두 빼냅니다.

1 2 3

위빙 앳 홈

마무리하기

1. 위빙 틀의 위, 아래로 고정되어 있는 날실을 조심스럽게 잘라 북마크를 떼어 냅니다. 위, 아래의 날실을 2줄씩 겹쳐 기본 매듭으로 묶어 주세요.

2. 이번에는 뒷면을 정리해 줄 거예요. 북마크를 뒤집어 뒷면의 실밥을 모두 짧게 잘라 다듬어 줍니다.

3. 북마크 양쪽 끝의 날실도 짧게 잘라 정리하면 점박이 패턴의 북마크가 완성됩니다.

(05)

사선 디자인 북커버

이번에는 기하학적 무늬를 가진 북커버를 만들어 볼게요. 사선 디자인 북커버는 책 위에 먼지가 쌓이지 않도록 덮어 두는 용도로 활용하기에 알맞습니다. 북커버를 만들 때는 기본적으로 돗바늘, 램스울, 경사가 필요합니다. 이 책에서는 램스울을 사용했지만 각자 원하는 두께와 재질의 털실을 자유롭게 활용해도 좋습니다.

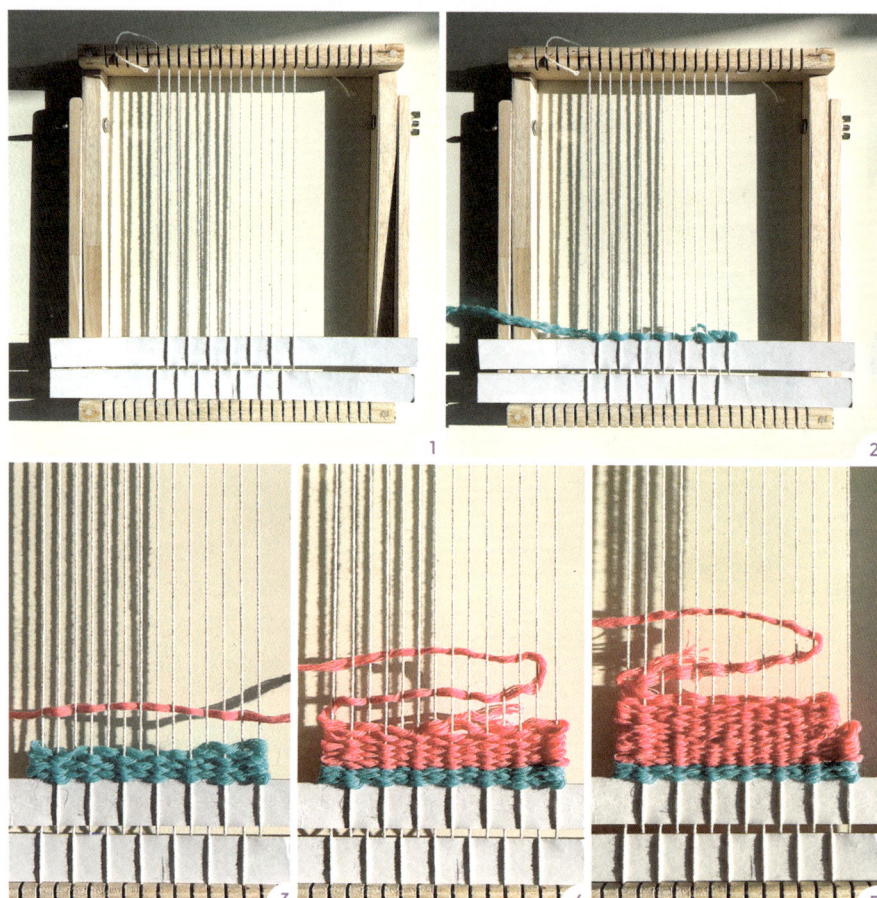

위빙 앳 홈

만드는 법

#

1. 북커버는 코스터의 큰 버전이라고 생각하면 됩니다. 날실의 개수를 늘려 14줄이 되도록 세팅해 주세요.

2. 1번째 색으로 청록색 실을 골라 돗바늘에 끼워 6단이 되도록 위빙합니다. 항상 시작 부분과 끝부분의 실은 5~6cm 남기고 날실을 한번 감아 뒤로 숨겨 정리해 주세요.

3. 다음으로 2번째 색, 그러니까 아래쪽 사선이 될 분홍색 실을 돗바늘에 끼워 10단이 되도록 위빙합니다. 시작 부분의 실을 정리하는 것도 잊지 마세요.

4. 분홍색 씨실이 10단이 되면 이제 가장 오른쪽에 있는 14번째 날실을 무시하고 13번째 날실까지만 분홍색 실을 통과시켜 줍니다. 그렇게 10단을 위빙해 주세요.

5. 분홍색 씨실이 총 20단이 되면 날실 1줄을 더 줄여 12번째 날실까지만 분홍색 실을 통과시켜 줍니다. 그렇게 10단을 위빙해 주세요. 날실을 1줄씩 줄여 가며 분홍색 씨실을 10단씩 쌓아 줍니다. 날실이 1줄 남을 때까지 이러한 과정을 반복합니다.

위빙 앳 홈

6. 날실이 1줄만 남았을 때, 사진과 같이 마지막 날실을 기둥 삼아 분홍색 실을 5회 감아 줍니다.

7. 5회 감은 후 분홍색 실을 짧게 자르고 날실을 기둥 삼아 매듭을 짓습니다.

8. 이제 사선의 나머지 반쪽을 채울 차례예요. 분홍색 실은 날실을 1줄씩 줄여 가면서 위빙했다면 3번째 색, 위쪽 사선이 될 보라색 실은 반대로 날실을 1줄씩 늘려 가면서 위빙합니다. 이번에는 가장 오른쪽 날실에서부터 시작할게요.

9. 14번째 날실을 기둥 삼아 보라색 실로 매듭을 짓고 5회 감아 줍니다.

10. 5회 감은 후 보라색 실을 13번째 날실까지 늘려 10단을 위빙해 주세요.

위빙 앳 홈

11. 이번에는 12번째 날실까지 늘려 10단을 위빙합니다.

12. 이렇게 계속 날실을 1줄씩 늘려 가며 10단씩 쌓아 줍니다.

13. 마지막으로 14줄의 날실을 모두 왔다 갔다 하면서 10단을 위빙한 후 보라색 실도 마무리합니다.

14. 가장 아래의 청록색 씨실과 마찬가지로 맨 위에도 실을 골라 위빙합니다. 책에서는 겨자색을 골랐습니다. 겨자색 실로 6단을 위빙합니다.

위빙 앳 홈

마무리하기

1. 위빙 틀의 가장 아래에 끼워 둔 두꺼운 도화지를 모두 빼고 위, 아래로 고정되어 있는 날실을 조심스럽게 잘라 북커버를 떼어 냅니다.

2. 위, 아래의 날실을 2줄씩 겹쳐 기본 매듭으로 묶어 주세요.

3. 북커버 양쪽 끝의 날실을 짧게 잘라 정리하면 사선 디자인 북커버가 완성됩니다. 책상 위나 집 한 켠에 쌓아 둔 책 위에 덮어 두는 용도로 활용해 보세요.

06 프린지 행잉

프린지Fringe는 의류나 스카프 가장자리에 붙이는 술 장식을 말합니다. 위빙으로 술 장식이 달린 벽걸이 인테리어 소품을 만들어 보겠습니다. 돗바늘, 램스울, 경사, 튼튼한 나뭇가지가 필요합니다. 이 책에서는 램스울을 사용했지만 각자 원하는 두께와 재질의 털실을 자유롭게 활용해도 좋습니다.

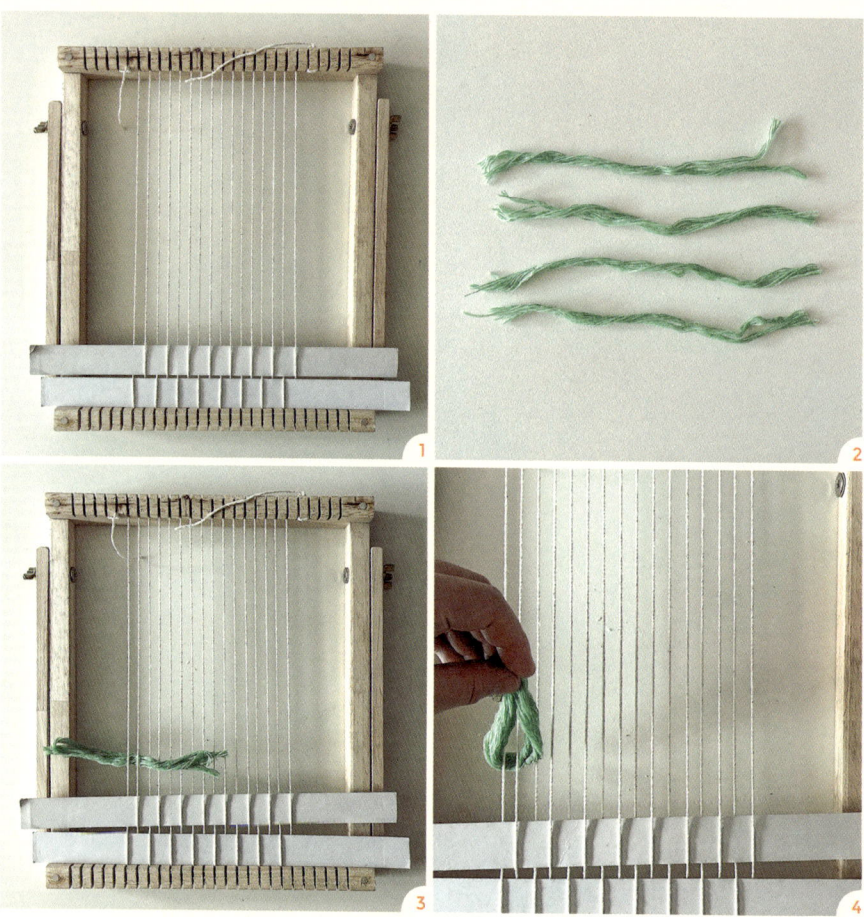

위빙 앳 홈

만드는 법

\#

1. 프린지 행잉을 만들기 위해서는 날실의 개수를 늘려 16줄이 되도록 세팅해야 합니다.

2. 프린지로 만들 실을 하나 골라 원하는 길이로 잘라 주세요. 완성된 프린지는 지금 자른 길이의 절반이 될 거예요. 두께도 원하는 만큼 실을 겹치면 됩니다. 책에서는 실을 4겹으로 겹쳐 프린지를 만들어 볼게요.

3. 4겹으로 겹친 프린지용 연두색 실을 2줄의 날실 아래로 통과시킵니다. 양쪽 길이가 대칭이 되도록 실의 가운데에 맞춰 주세요.

4. 연두색 실을 반으로 접어 양 끝을 맞추고 왼손으로 잡아 줍니다.

위빙 앳 홈

5. 오른손 검지 손가락을 구부려 반으로 접은 실의 가운데를 잡아당겨 주세요.

6. 잡아당겨 생긴 동그란 구멍 사이로 왼손으로 잡고 있던 실의 양 끝을 넣어 주세요. 그런 다음 아래로 당기면 매듭이 생깁니다.

7. 매듭을 아래로 당겨 주세요. 프린지 하나가 완성되었습니다.

8. 이 방식으로 총 8개의 프린지를 만들어 주세요. 프린지를 완성한 후 동일한 연두색 실로 8을 위빙해 주세요. 시작 부분과 끝부분의 실은 5~6cm 남기고 날실을 한번 감아 뒤로 숨겨 정리합니다.

위빙 앳 홈

9. 이어서 2번째 색으로 하늘색 실을 골라 연두색 씨실 위에 10단을 위빙합니다. 시작 부분과 끝부분의 실 정리도 잊지 마세요.

10. 하늘색 실은 자르지 않고 돗바늘에 끼운 채 그대로 둡니다. 이제 장미색 실을 사용해 오른쪽 끝에서부터 7번째 날실까지 통과시켜 주세요. 이렇게 2단을 위빙합니다.

11. 대기하던 하늘색 실은 왼쪽 끝에서부터 장미색 실이 감긴 날실 전까지 2단을 위빙해 주세요.

12. 장미색과 하늘색 실로 이어진 씨실 위에 하늘색 실만으로 16줄의 날실을 모두 왔다 갔다 하면서 2단을 위빙합니다.

위빙 앳 홈

13. 하늘색 씨실 위에 10, 11과정을 반복해 주세요.

14. 다시 하늘색 실만으로 16줄의 날실을 모두 왔다 갔다 하면서 2단을 위빙합니다.

15. 이 과정은 장미색 실로 만든 무늬가 7개가 될 때까지 반복합니다.

16. 장미색 실의 무늬가 모두 완성되면 다시 하늘색 실만으로 26단을 위빙해 주세요. 하늘색 실은 돗바늘을 끼운 채 그대로 둡니다.

위빙 앳 홈

17. 이번에는 행잉의 포인트가 될 매듭을 만들어 볼게요. 매듭을 만들 노란색 실을 하나 골라 15cm 길이로 잘라 줍니다. 총 6개를 준비해 주세요.

18. 매듭 실을 반으로 접은 후 왼쪽 끝에 있는 날실 아래로 반만 통과시켜 주세요.

19. 노란색 실을 반만 통과시켰을 때 오른쪽에 생긴 구멍으로 왼쪽의 실 끝부분을 모아 넣어 주세요. 그리고 최대한 세게 당깁니다.

20. 같은 방식으로 날실을 1줄씩 이동하며 총 6개의 매듭을 만들어 주세요.

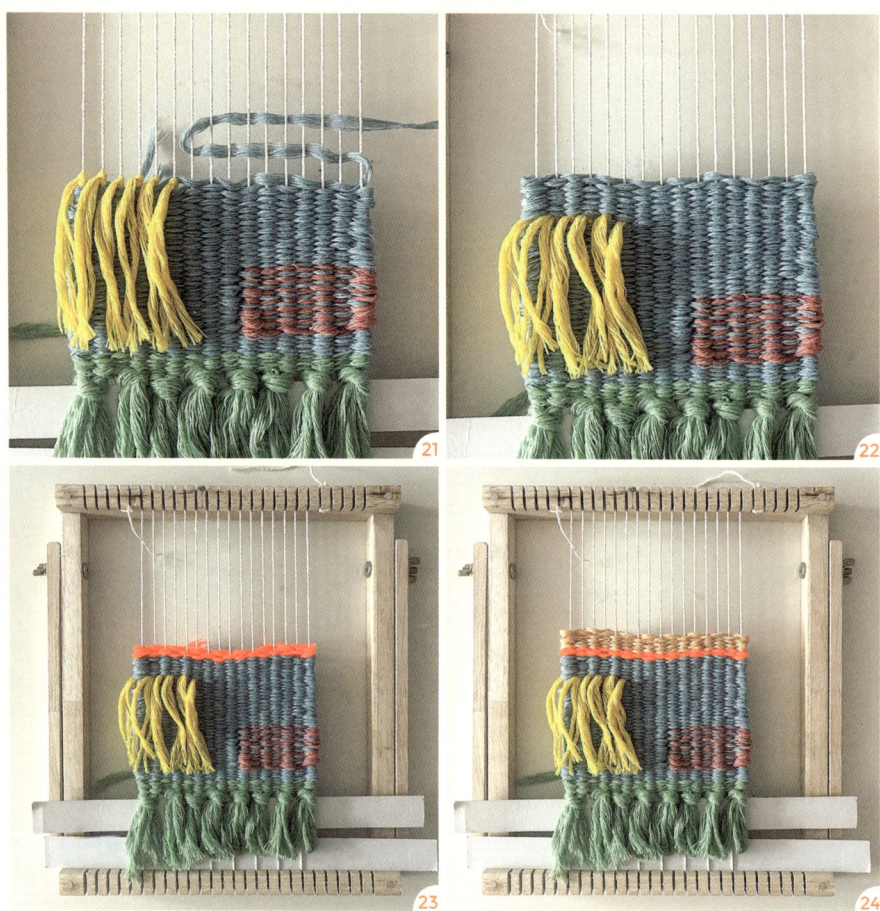

위빙 앳 홈

21. 대기하던 하늘색 실로 오른쪽 끝에서부터 매듭이 있는 날실 전까지 2단을 위빙해 주세요.

22. 그 위에 다시 16줄의 날실을 모두 왔다 갔다 하면서 12단을 위빙합니다.

23. 경계선이 될 주황색 실로 3단을 위빙합니다.

24. 베이지색 실로 8단을 위빙한 후 마무리합니다.

위빙 앳 홈

마무리하기

1. 위빙 틀의 가장 아래에 끼워 둔 두꺼운 도화지를 모두 빼고 위, 아래로 고정되어 있는 날실을 조심스럽게 잘라 프린지 행잉을 떼어 냅니다. 위, 아래의 날실을 2줄씩 겹쳐 기본 매듭으로 묶어 주세요.

2. 윗부분의 날실은 한번 묶은 상태에서 한번 더 묶어 풀리지 않게 단단히 고정합니다.

3. 이번에는 뒷면을 정리해 줄 거예요. 프린지 행잉을 뒤집어 뒷면의 실밥을 짧게 잘라 다듬어 줍니다. 맨 위와 아래의 실 2개만 남기고 모두 잘라 주세요.

4. 연두색과 베이지 색의 끝부분은 자르지 않고 남겨 두었다가 돗바늘을 이용해 아래로 바느질하듯 넣어 정리해 주세요. 이렇게 하면 실이 풀리지 않아요.

위빙 앳 홈

5. 다시 앞면으로 뒤집은 후 프린지의 길이를 일자로 맞춰 잘라 주세요.

6. 노란색 실로 만든 매듭도 원하는 길이로 깔끔하게 잘라 주세요.

7. 윗부분의 날실 매듭 사이에 나뭇가지를 두고 양쪽으로 둘러 묶어 주세요.

8. 다 묶어 고정한 후 매듭의 나머지 부분을 짧게 잘라 정리합니다.

9. 나뭇가지의 양쪽 끝에 튼튼한 경사를 원하는 길이로 잘라 묶어 주면 프린지 행잉이 완성됩니다.

빈티지 래그 러그

(07)

래그 러그는 티셔츠얀이라고도 불리는 저지면사로 작업합니다. 우리가 입는 티셔츠 소재인 저지를 가늘게 잘라 이어 붙인 실이라 하여 저지면사라 부르는데요. 저지면사의 두께는 보통 3cm 정도지만 좀 더 도톰하게 만들고 싶다면 실을 2겹으로 겹쳐 사용해도 좋습니다. 자유롭게 작업해 보세요.

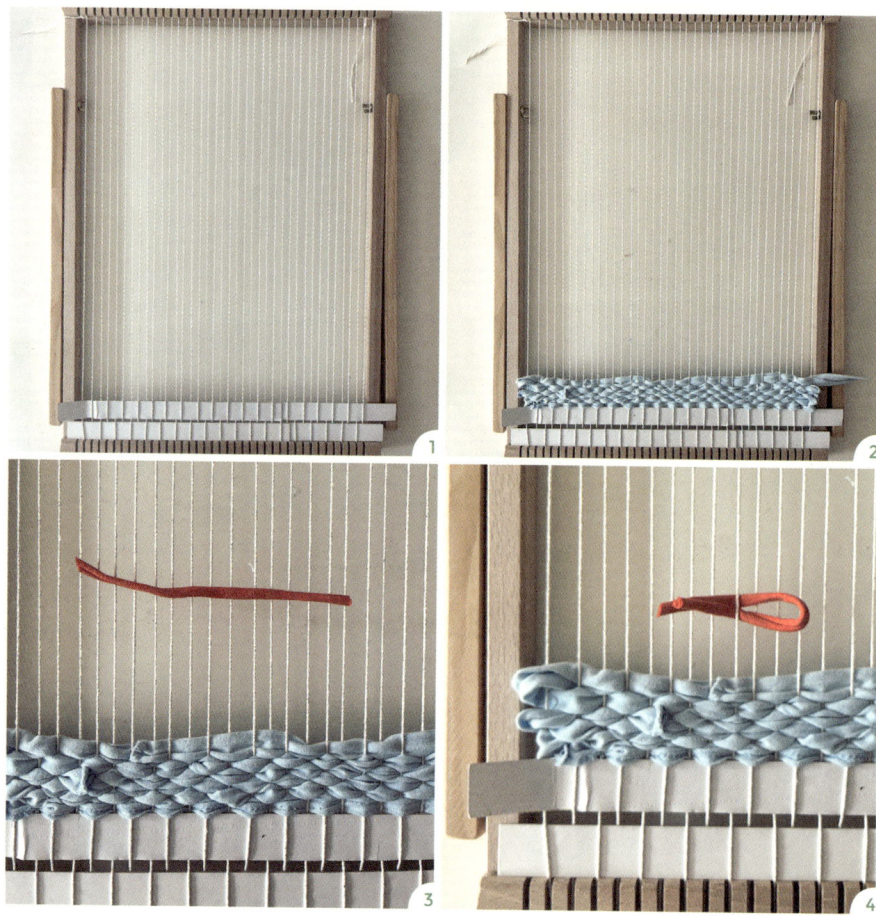

위빙 앳 홈

만드는 법

1. 이번에는 래그 러그 크기로 작업해야 하기 때문에 큰 틀을 이용합니다. 위빙 틀의 크기는 자유롭게 선택하셔도 좋습니다. 책에서는 38줄의 날실을 세팅한 위빙 틀을 기준으로 작업하겠습니다.

2. 씨실은 램스울이 아닌 저지면사를 사용할 건데요. 먼저 하늘색 저지면사를 사용해 6단을 위빙합니다. 램스울과 마찬가지로 시작 부분과 끝부분의 실은 5~6cm 남기고 날실을 한번 감아 뒤로 숨겨 정리합니다.

3. 다음으로 빨간색 저지면사를 10cm 길이로 잘라 준비해 주세요.

4. 빨간색 실을 반으로 접은 후 왼쪽 끝에서부터 9번째 날실 아래로 반만 통과시킵니다. 그러면 사진과 같이 실의 오른쪽에 동그란 구멍이 생겨요.

위빙 앳 홈

5. 오른쪽에 생긴 구멍으로 왼쪽의 실 끝부분을 모아 집어넣어 세게 당겨 주세요. 이렇게 하면 매듭이 생깁니다.

6. 빨간색 매듭이 하늘색 씨실 위에 자리합니다.

7. 그 위에 하늘색 실로 6단을 위빙해 주세요.

8. 다음, 다시 한번 빨간색 실을 반으로 접은 후 오른쪽 끝에서부터 6번째 날실 아래로 반만 통과시킵니다.

위빙 앳 홈

9. 왼쪽에 생긴 구멍으로 오른쪽의 실 끝부분을 모아 집어넣어 세게 당겨 매듭을 만들어 줍니다.

10. 이제부터는 자유롭게 하늘색 실로 위빙하면서 중간중간 원하는 위치에 빨간색 매듭을 만들어 줍니다. 총 8개의 매듭을 만들어 주세요.

11. 위빙 틀의 절반 정도가 하늘색 실로 채워졌을 때 위빙을 멈추고 새로운 파란색 실로 2단을 위빙합니다.

12. 파란색 실로 위빙한 후 아이보리색 실로 4단을 위빙합니다. 아이보리색 실은 자르지 않고 잠시 그대로 두세요.

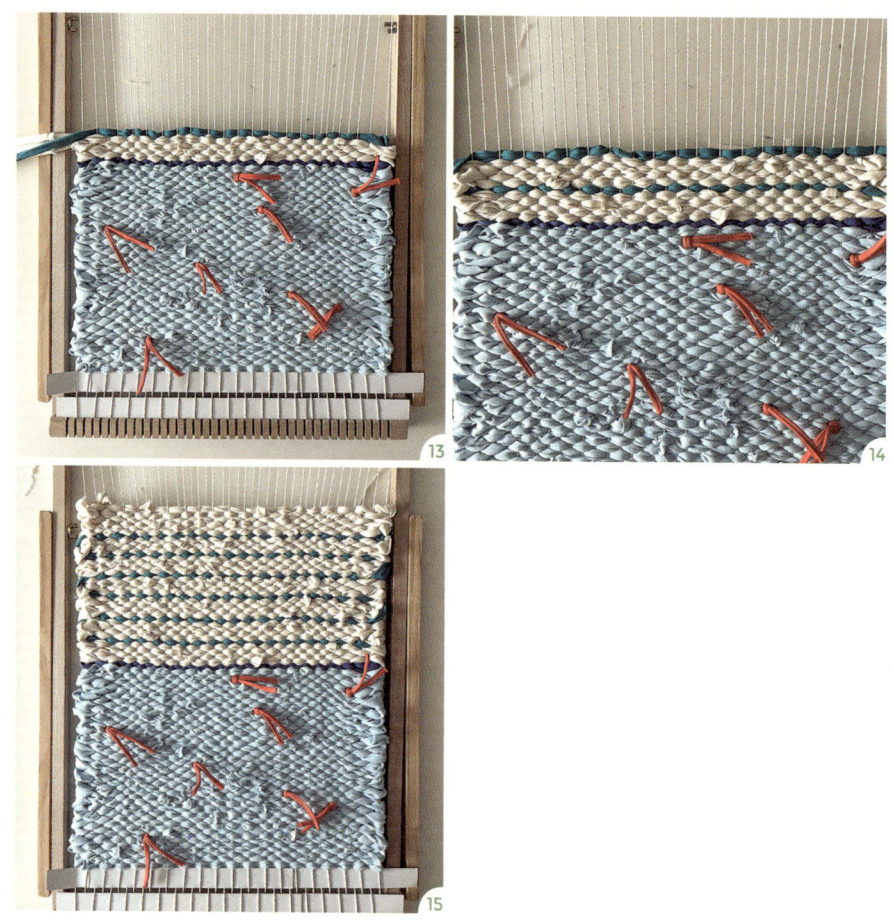

위빙 앳 홈

13. 다음, 패턴을 만들어 줄 청록색 실로 1단을 위빙합니다. 청록색 실도 자르지 않고 그대로 둡니다.

14. 대기하던 아이보리색 실로 청록색 씨실 위에 4단을, 곧이어 청록색 실로 1단을 위빙합니다. 아이보리색 씨실 4단, 청록색 씨실 1단을 번갈아 가며 쌓아 줍니다.

15. 이 과정은 청록색 실로 만든 무늬가 6개가 될 때까지 반복합니다. 마지막 청록색 씨실 위에 아이보리색 실로 6단을 위빙하고 마무리합니다.

위빙 앳 홈

마무리하기

1. 위빙 틀의 가장 아래에 끼워 둔 두꺼운 도화지를 모두 빼고 위, 아래로 고정되어 있는 날실을 조심스럽게 잘라 래그 러그를 떼어 냅니다. 위, 아래의 날실을 2줄씩 겹쳐 기본 매듭으로 묶어 주세요.

2. 래그 러그를 뒤집어 뒷면의 실밥을 짧게 잘라 다듬어 주고, 고정시킨 매듭의 끝부분을 짧게 잘라 정리하면 래그 러그 완성입니다.

컬러풀 화분 커버

(08)

집에 있는 소형 화분에 씌울 화분 커버를 만들어 보겠습니다. 위빙으로 어떤 모양의 화분 커버가 만들어질지 기대되는데요. 화분 커버를 만들 때 필요한 준비물은 돗바늘, 램스울, 경사, 작은 플라스틱 화분입니다. 이 책에서는 램스울을 사용했지만 각자 원하는 두께와 재질의 털실을 자유롭게 활용해도 좋습니다.

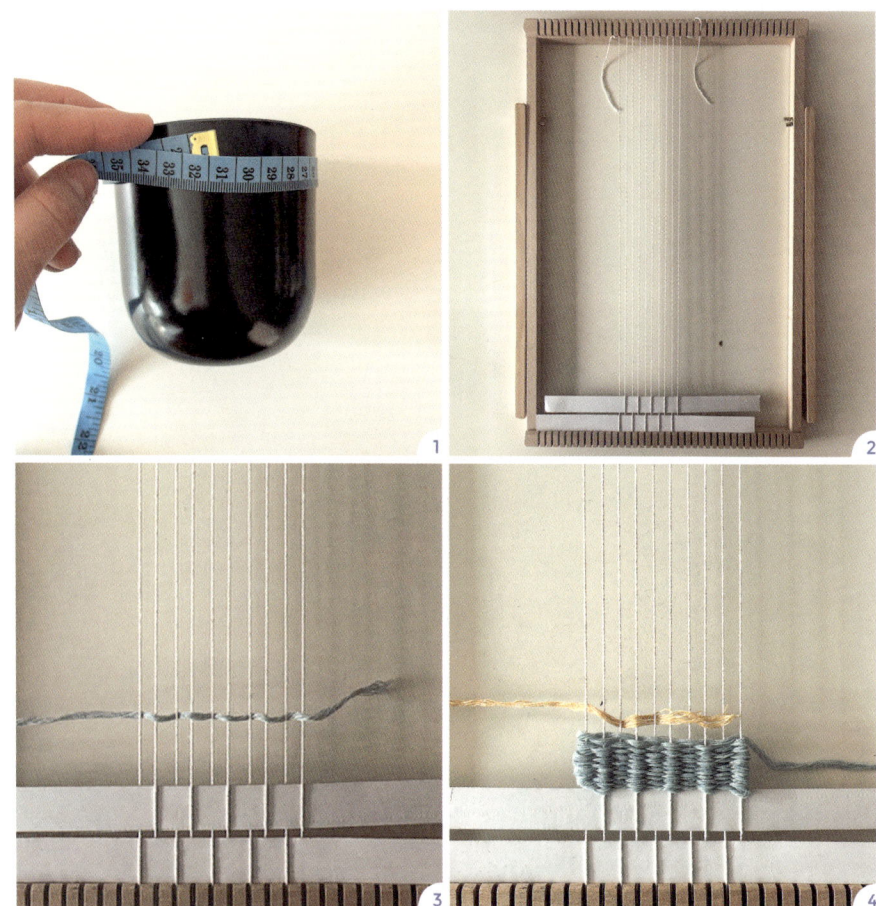

위빙 앳 홈

만드는 법

\#

1. 준비한 화분의 둘레를 잽니다. 화분의 가장 윗부분을 줄자로 둘러 몇 cm인지 재 보세요. 준비한 화분의 둘레는 30cm입니다.

2. 30cm 둘레의 화분 커버를 만들기 위해서는 위빙 틀의 높이가 화분 둘레보다 길어야 합니다. 따라서 큰 틀을 준비해 10줄의 날실을 세팅해 줍니다.

3. 먼저 1번째 바탕으로 하늘색 실을 골라 20단을 위빙합니다. 위빙한 후 하늘색 실은 자르지 않고 돗바늘에 끼운 채 그대로 둡니다.

4. 다음 1번째 패턴으로 금색 실을 골라 왼쪽 끝에서부터 5번째 날실까지 통과시켜 주세요.

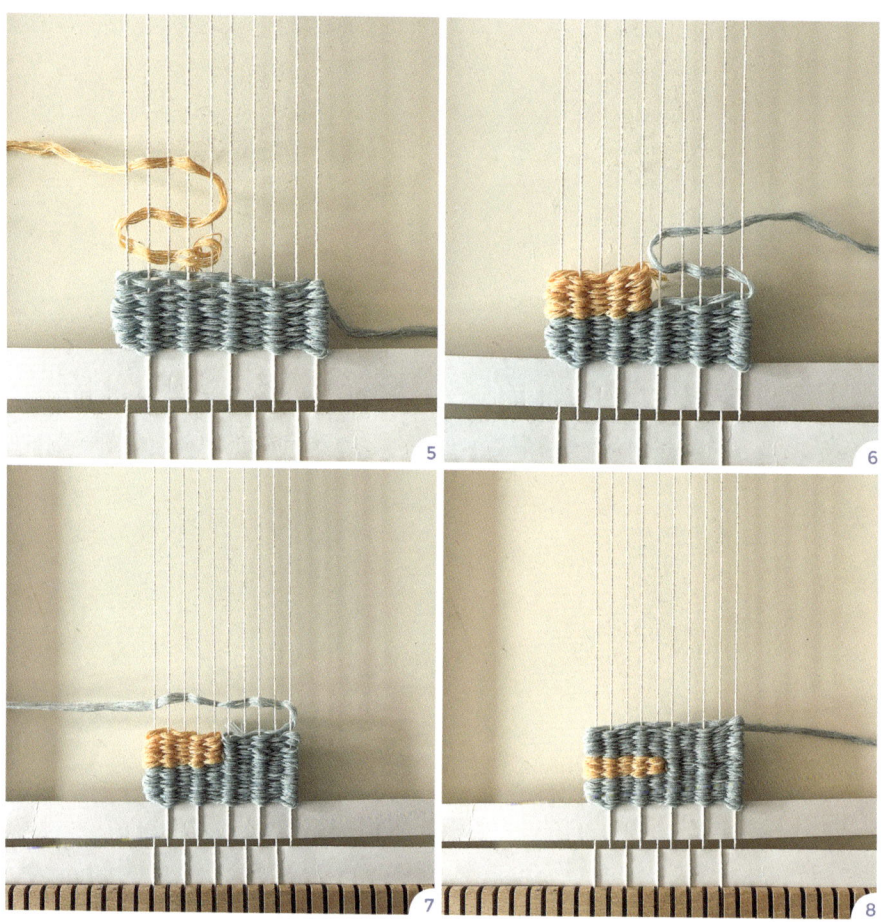

위빙 앳 홈

5. 금색 실로 12단을 위빙합니다.

6. 대기하던 하늘색 실은 오른쪽 끝에서부터 금색 실이 감긴 날실 전까지 12단을 위빙해 주세요.

7. 양쪽 높이가 같아지면 금색과 하늘색 실로 이어진 씨실 위에 하늘색 실만으로 10줄의 날실을 모두 왔다 갔다 하면서 위빙합니다.

8. 그렇게 하늘색 실로 16단을 만들어 주세요.

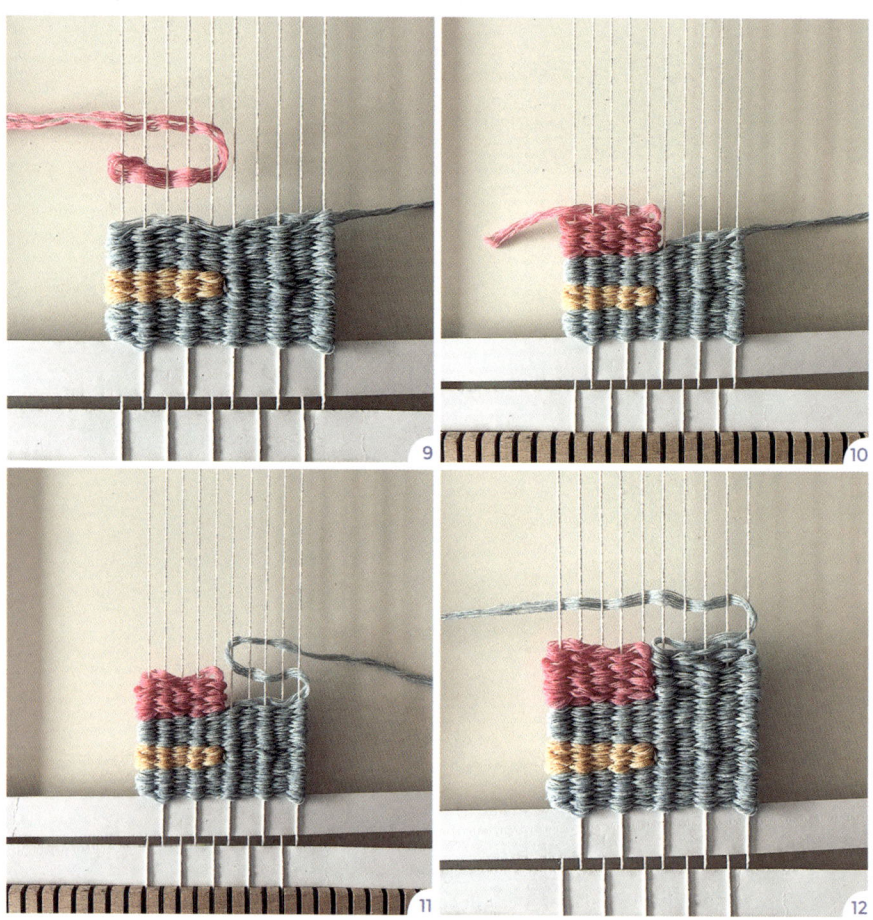

위빙 앳 홈

9. 2번째 패턴을 만들어 볼게요. 분홍색 실을 골라 왼쪽 끝에서부터 5번째 날실까지 통과시켜 주세요.

10. 분홍색 실로 12단을 위빙합니다.

11. 대기하던 하늘색 실은 오른쪽 끝에서부터 분홍색 실이 감긴 날실 전까지 12단을 위빙해 주세요.

12. 양쪽 높이가 같아지면 분홍색과 하늘색 실로 이어진 씨실 위에 하늘색 실만으로 10줄의 날실을 모두 왔다 갔다 하면서 16단을 위빙합니다.

위빙 앳 홈

13. 3번째 패턴으로 보라색 실을 골라 앞의 과정을 반복해 주세요.

14. 보라색과 하늘색 실로 이어진 씨실 위에 하늘색 실만으로 16단을 위빙한 다음, 4번째 패턴으로 카키색 실을 골라 앞의 과정을 반복합니다.

15. 카키색과 하늘색 실로 이어진 씨실 위에 하늘색 실만으로 16단을 위빙하고 마무리합니다.

16. 다음으로 파란색 실을 골라 2단을 위빙합니다. 이 2단의 씨실은 새로운 바탕을 위한 경계선이에요.

위빙 앳 홈

17. 2번째 바탕이 될 실을 골라 주세요. 책에서는 인디언핑크색을 골랐습니다.

18. 인디언핑크색 실로 20단을 위빙한 후 테슬(또는 프린지)이 될 다홍색 실을 골라 7cm 길이로 잘라 준비해 주세요.

19. 다홍색 실을 반으로 접습니다.

20. 다홍색 실을 왼쪽 끝에서부터 4번째 날실 아래로 반만 통과시킵니다.

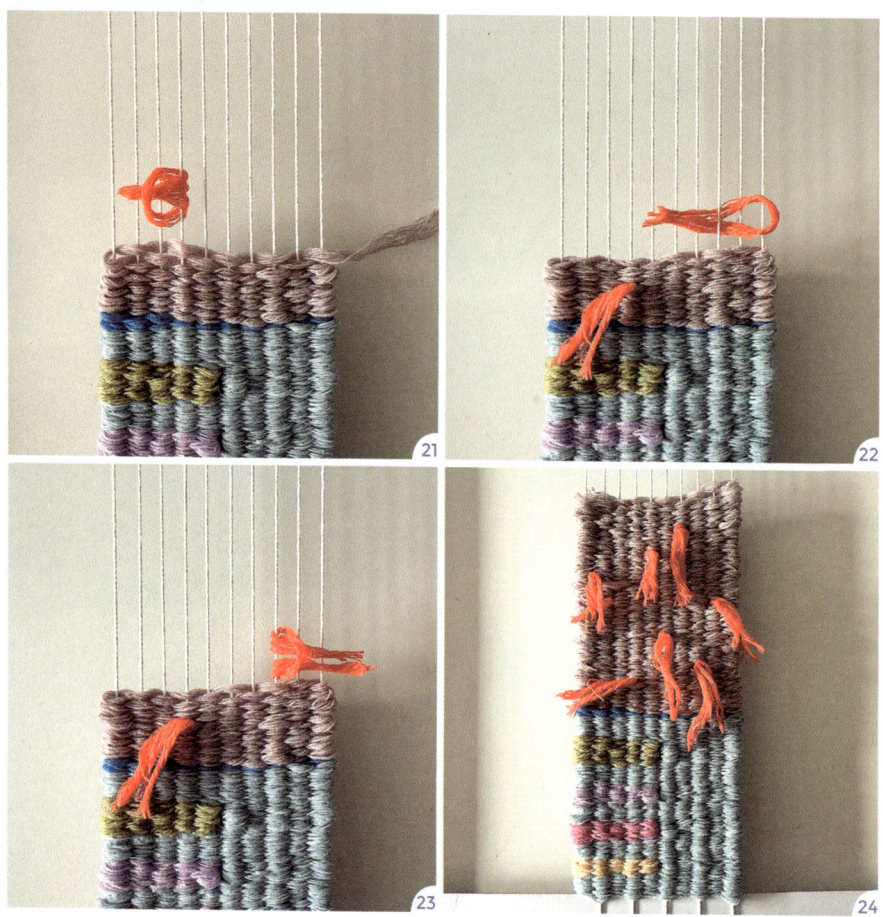

위빙 앳 홈

21. 다홍색 실을 반만 통과시켰을 때 왼쪽에 생긴 구멍으로 오른쪽의 실 끝부분을 모아 넣어 주세요. 그리고 최대한 세게 당깁니다.

22. 다홍색 매듭 위에 인디언핑크색 실로 10단을 위빙해 주세요. 그리고 다시 한번 다홍색 실을 짧게 잘라 오른쪽 끝에서부터 3번째 날실 아래로 반만 통과시킵니다.

23. 이번에도 매듭을 만들어 주세요.

24. 다홍색 매듭 위에 다시 인디언핑크색 실로 10단을 위빙해 주세요. 이렇게 총 7개의 다홍색 매듭이 생길 때까지 단을 쌓아 주세요. 마지막 다홍색 매듭 위에 인디언핑크 색 실로 10단을 위빙하고 마무리합니다.

위빙 앳 홈

25. 이제 앞에서 배웠던 세로 줄무늬를 만들어볼 거예요. 우선 연보라색 실을 골라 1단을 위빙합니다.

26. 다음으로 아이보리색 실을 골라 연보라색 실의 진행 방향과 반대로 위빙합니다. 그렇게 아이보리색 실은 연보라색 실과 교차하며 날실을 1줄씩 통과시킵니다.

27. 돗바늘을 끼운 채 두었던 연보라색 실로 아이보리색 씨실 위에 1단을 위빙합니다. 이렇게 2가지 색 실을 번갈아 가면서 1단씩 쌓아 줍니다.

28. 화분의 둘레가 30cm이므로 1cm 여유를 준 31cm의 길이로 위빙을 완성해야 합니다. 총 높이 31cm가 될 때까지 세로 줄무늬를 위빙하고 마무리해 주세요.

위빙 앳 홈

마무리하기

1. 위빙 틀의 가장 아래에 끼워 둔 두꺼운 도화지를 모두 빼고 위, 아래로 고정되어 있는 날실을 조심스럽게 잘라 화분 커버를 떼어 냅니다. 위, 아래의 날실을 2줄씩 겹쳐 기본 매듭으로 묶고 뒷면의 실밥과 날실 매듭의 끝부분을 짧게 잘라 정리해 주세요.

2. 준비한 화분에 직물의 뒷면이 밖으로 보이도록 둘러 주세요.

3. 바탕으로 사용한 색 중 하나의 실을 골라 돗바늘에 끼워 주세요.

4. 사진과 같이 화분에 직물을 두른 상태에서 돗바늘로 꿰매면 됩니다. 특별히 정해진 바느질 방법은 없습니다. 각자 편한 방법으로 봉합해 주세요. 책에서는 가장 쉽고 간단한 홈질로 진행했어요. 겉에서 봤을 때 바늘땀의 간격이 동일한 크기가 되도록 일정하게 꿰매는 기법입니다.

위빙 앳 홈

5. 직물이 원통형으로 연결되면 화분에서 빼 냅니다. 그대로 직물을 뒤집어 깔끔한 앞면이 겉으로 나오게 하고 그 상태로 다시 화분에 씌워 주세요.

6. 알록달록한 화분 커버가 완성되었습니다.

에스닉 에코백 포켓

에스닉은 향토적이고 이국적인 분위기의 스타일을 의미합니다. 다양한 색의 실을 활용해 에스닉 스타일의 에코백 포켓을 만들어 볼 거예요. 에코백 포켓을 만들 때 필요한 준비물은 돗바늘, 램스울, 면사, 에코백입니다. 이 책에서는 램스울을 사용했지만 각자 원하는 두께와 재질의 털실을 자유롭게 활용해도 좋습니다.

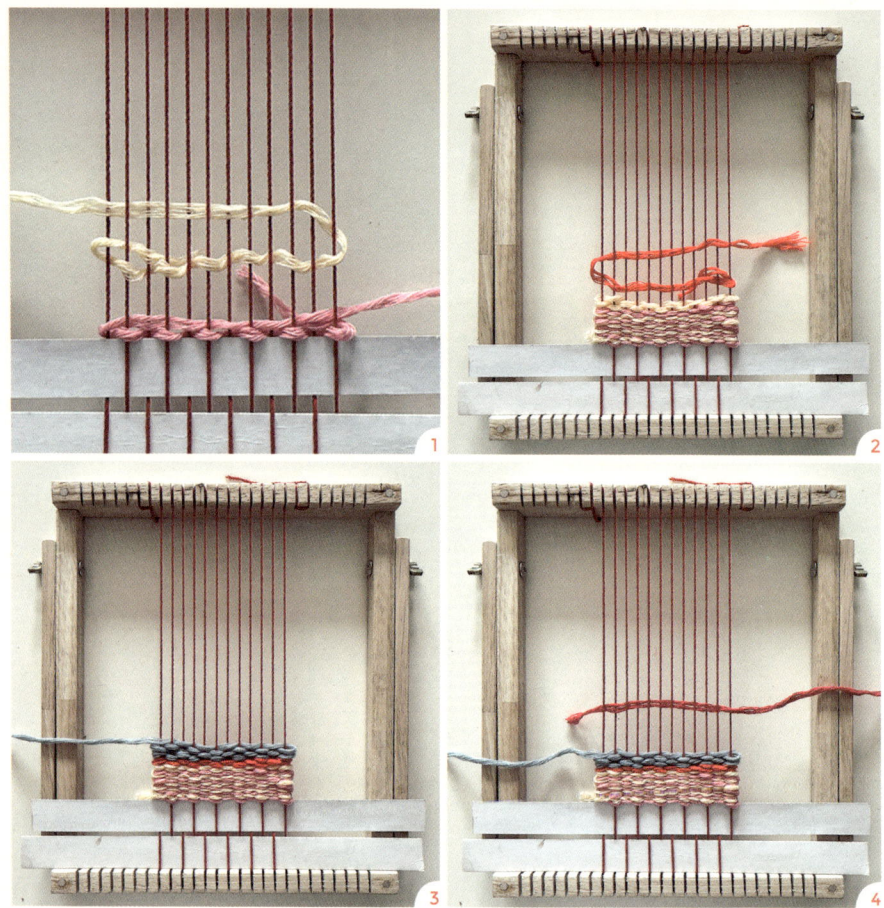

위빙 앳 홈

만드는 법

\#

1. 이번에는 붉은색 면사를 사용해 봤어요. 날실은 12줄이 되도록 세팅해 주세요. 그런 다음 2가지 색의 실(분홍색, 연노란색)을 골라 분홍색 실부터 2단씩 차곡차곡 위빙합니다.

2. 분홍색과 연노란색 실로 각각 5줄의 가로 줄무늬가 만들어지면 마무리하고, 빨간색 실로 그 위에 2단을 위빙해 주세요.

3. 다음, 하늘색 실로 빨간색 씨실 위에 4단을 위빙합니다.

4. 자주색 실로 하늘색 씨실 위에 1단만 위빙합니다.

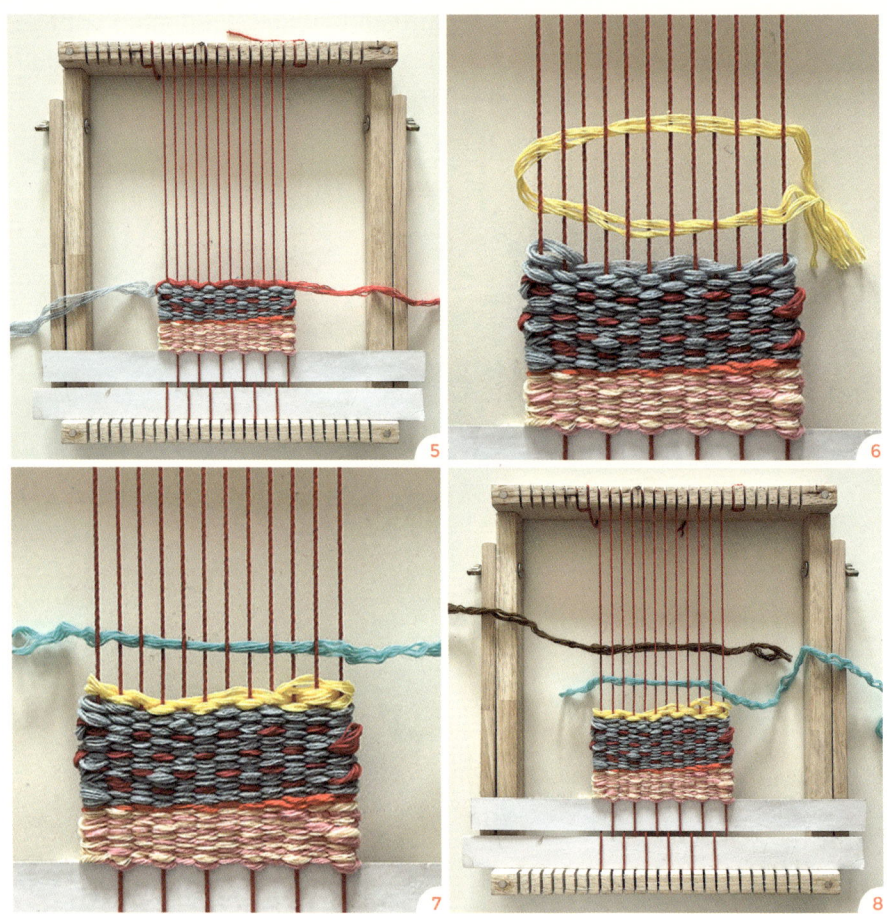

위빙 앳 홈

5. 다시 하늘색 실로 자주색 씨실 위에 4단을 위빙한 후, 자주색 실로 그 위에 1단을 위빙해 줍니다. 이렇게 하늘색 씨실 4단, 자주색 씨실 1단을 번갈아 가며 위빙해 점박이 패턴을 만듭니다.

6. 자주색 씨실이 총 4줄이 되면 하늘색 실로 그 위에 4단을 위빙한 후 마무리합니다. 이어서 노란색 실을 골라 2단을 위빙해 주세요. 이 2단의 씨실은 새로운 패턴을 위한 경계선입니다.

7. 이번에는 청록색 실로 1단을 위빙합니다.

8. 다음으로 카키색 실을 골라 청록색 실의 진행 방향과 반대로 1단을 위빙합니다. 그렇게 카키색 실은 청록색 실과 교차하며 날실을 1줄씩 통과시킵니다.

위빙 앳 홈

9. 이렇게 2가지 색의 실을 번갈아 가면서 1단씩 위빙해 각각 10단을 만들어 주세요. 세로 줄무늬가 끝나면 그 위에 자주색 실로 2단을 위빙합니다.

10. 노란색 실로 자주색 씨실 위에 3단을 위빙해 주세요.

11. 점박이 패턴을 진행할 겁니다. 이번에는 좀 더 촘촘하게 진행할 거예요. 파란색 실로 노란색 씨실 위에 1단을 위빙해 주세요.

12. 다시 노란색 실로 파란색 씨실 위에 3단을 위빙한 후, 파란색 실로 그 위에 1단을 위빙해 줍니다. 이렇게 노란색 씨실 3단, 파란색 씨실 1단을 번갈아 가며 위빙해 촘촘한 점박이 패턴을 만듭니다.

13. 파란색 씨실이 총 5줄이 되면 노란색 실로 그 위에 3단을 위빙한 후 마무리합니다.

위빙 앳 홈

마무리하기

1. 위빙 틀의 가장 아래에 끼워 둔 두꺼운 도화지를 모두 빼고 위, 아래로 고정되어 있는 날실을 조심스럽게 잘라 포켓을 떼어 냅니다. 위, 아래의 날실을 2줄씩 겹쳐 기본 매듭으로 묶고 뒷면의 실밥과 날실 매듭의 끝부분을 짧게 잘라 정리해 주세요.

2. 에코백을 준비합니다. 책에서는 사이즈가 조금 작은 것으로 골랐어요. 돗바늘에 실을 끼워 포켓의 3면(양 옆과 아랫부분)을 꿰매 줍니다.

3. 포켓을 단단히 고정하면 에스닉 에코백 포켓이 완성입니다.

10 펜던트 위빙 모빌

펜던트 위빙 모빌을 만들 때 필요한 준비물은 돗바늘, 램스울, 면사, 약 30cm 길이의 나뭇가지입니다. 나뭇가지는 집 근처 공원이나 산에서 쉽게 구할 수 있습니다. 나뭇가지가 튼튼하면 더욱 좋겠죠. 책에서는 총 5개의 개성 있는 작은 펜던트로 위빙 모빌을 만들어 볼 거예요. 하나 하나씩 천천히 따라 해 볼게요.

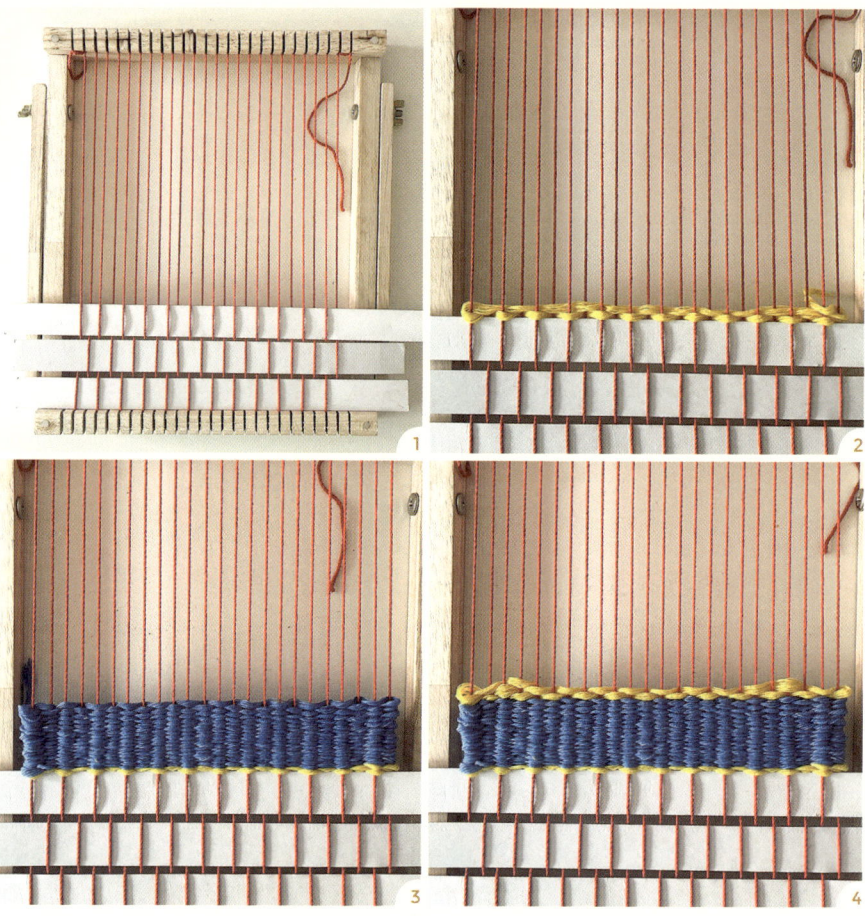

위빙 앳 홈

만드는 법

Pendant 1 ♯

1. 날실의 개수가 24줄이 되도록 세팅해 주세요. 사진처럼 붉은색 면사를 사용해도 좋습니다. 위빙 틀의 가장 아래 두꺼운 도화지를 3장 넣어 주세요.

2. 먼저 노란색 실로 2단을 위빙해 주세요. 노란색 실은 자르지 않고 돗바늘에 끼운 채 그대로 둡니다.

3. 이어서 파란색 실로 30단을 위빙해 주세요.

4. 대기하던 노란색 실로 파란색 씨실 위에 2단을 위빙합니다.

위빙 앳 홈

5. 위빙한 후 실을 마무리하고 아래 끼워 둔 도화지를 모두 빼 주세요.

6. 위빙 틀의 위, 아래로 고정되어 있는 날실을 조심스럽게 잘라 장식을 떼어 냅니다. 위, 아래의 날실을 2줄씩 겹쳐 기본 매듭으로 묶고 뒷면이 밖으로 보이도록 둘러 연결해 주세요. 바느질은 각자 편한 방법으로 해 주세요. 책에서는 **홈질**로 진행했습니다.

7. 원통형으로 완성되면 뒤집어 깔끔한 앞면이 겉으로 나오게 합니다.

8. 위에 남겨진 긴 날실은 자르지 않고 하나로 모아 새로운 실로 묶어 주세요. 1번째 펜던트가 완성되었습니다.

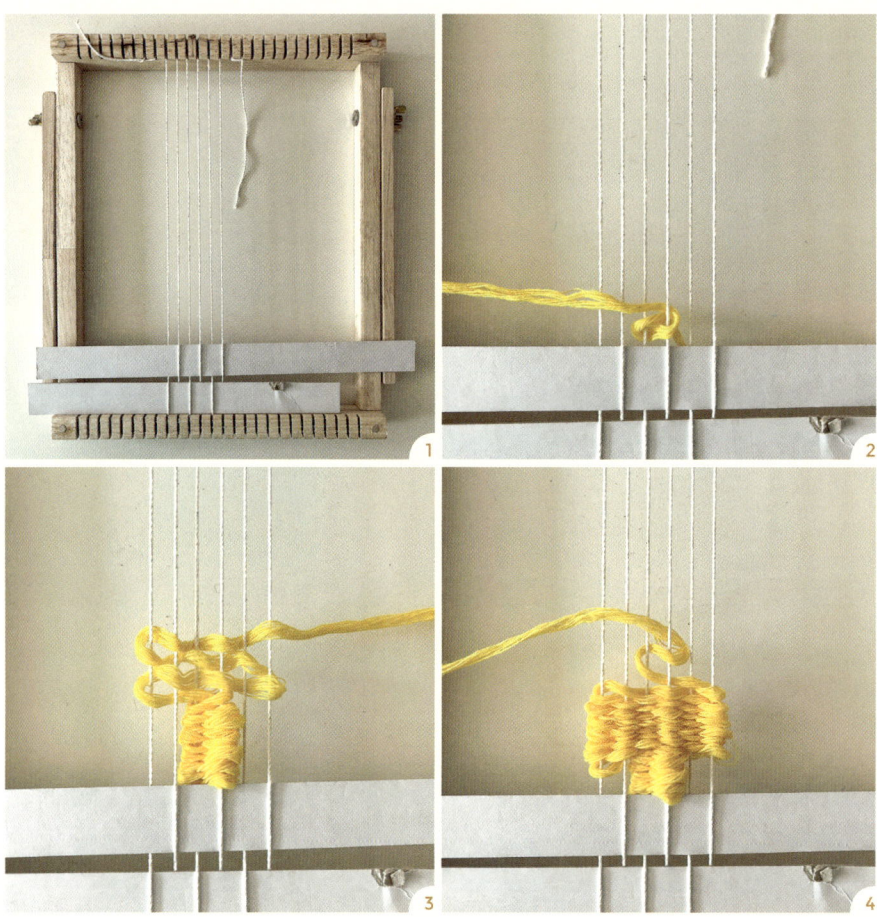

위빙 앳 홈

Pendant 2 ♯

1. 위빙 틀에 날실을 6줄 세팅해 줍니다.

2. 노란색 실로 가운데 날실 2줄만 22단을 위빙해 주세요.

3. 다음 6줄의 날실을 모두 왔다 갔다 하면서 20단을 위빙해 주세요.

4. 다시 가운데 날실 2줄만 22단을 위빙하고 실을 정리해 주세요.

위빙 앳 홈

5. 위빙 틀의 위, 아래로 고정되어 있는 날실을 조심스럽게 잘라 장식을 떼어 냅니다. 위, 아래의 날실을 2줄씩 겹쳐 기본 매듭으로 묶어 고정시켜 주세요.

6. 묶은 날실은 돗바늘을 사용해 노란색 실 속에 숨겨준 후, 삐져 나온 실을 짧게 잘라 주세요. 2번째 펜던트가 완성되었습니다.

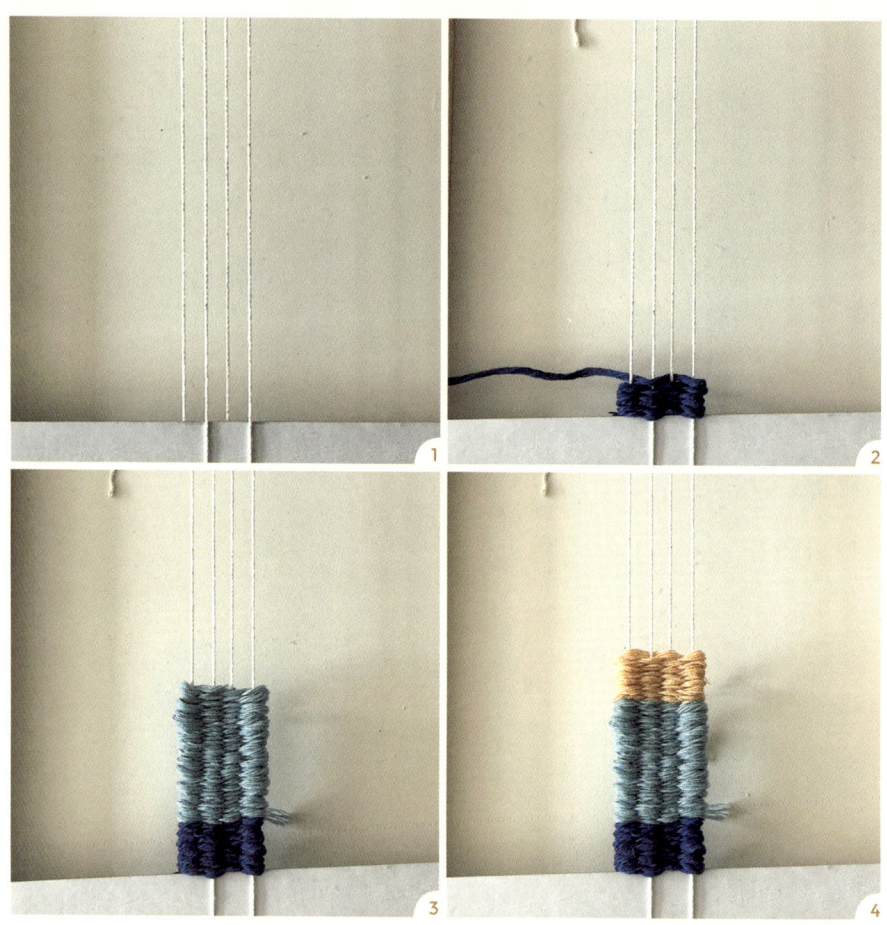

위빙 앳 홈

Pendant 3 ♯

1. 위빙 틀에 날실을 4줄 세팅해 줍니다.

2. 남색 실로 24단을 위빙해 주세요.

3. 이어서 하늘색 실로 원하는 만큼 자유롭게 위빙해 주세요.

4. 이번 펜던트는 5가지 색을 사용할 예정입니다. 총 높이 18cm가 될 때까지 자유롭게 색을 바꿔가며 위빙해 주세요.

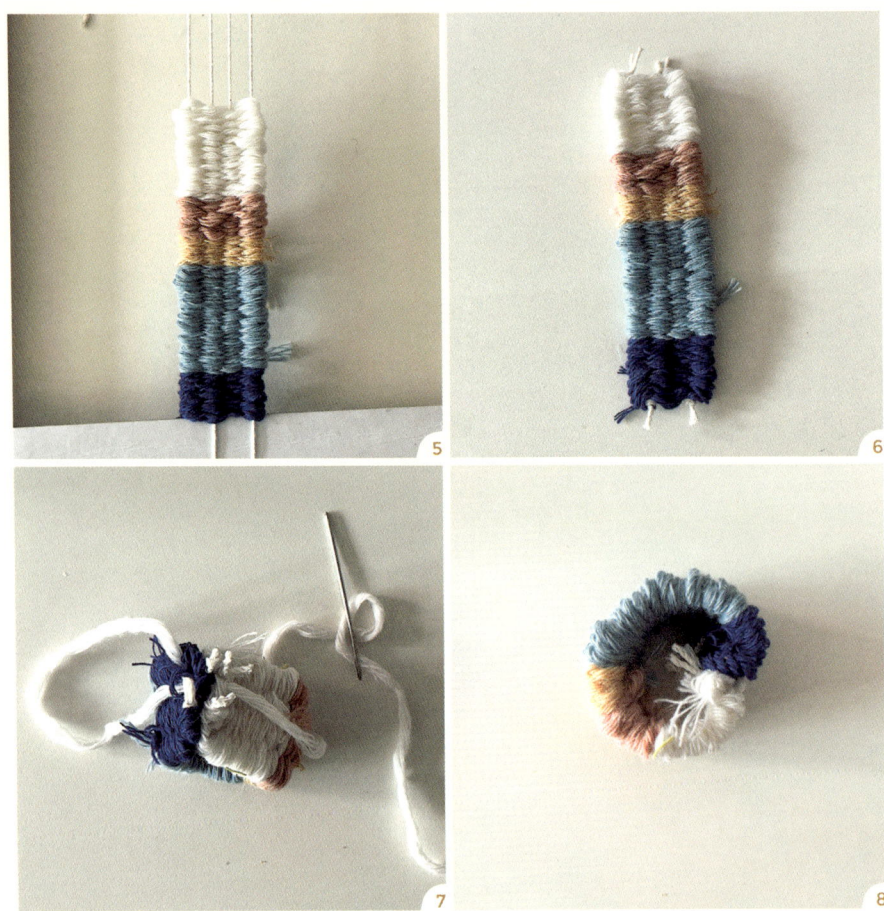

위빙 앳 홈

5. 색마다 조금씩 다른 높이가 되도록 변화를 주면서 위빙합니다.

6. 총 높이 18cm가 완성되면 위빙 틀의 위, 아래로 고정되어 있는 날실을 조심스럽게 잘라 장식을 떼어 냅니다. 위, 아래의 날실을 2줄씩 겹쳐 기본 매듭으로 묶고 짧게 잘라 주세요.

7. 장식은 뒷면이 밖으로 보이도록 둘러 연결해 주세요. 바느질은 각자 편한 방법으로 해 주세요. 책에서는 홈질로 진행했습니다.

8. 원통형으로 완성되면 뒤집어 깔끔한 앞면이 겉으로 나오게 합니다. 3번째 펜던트가 완성되었습니다.

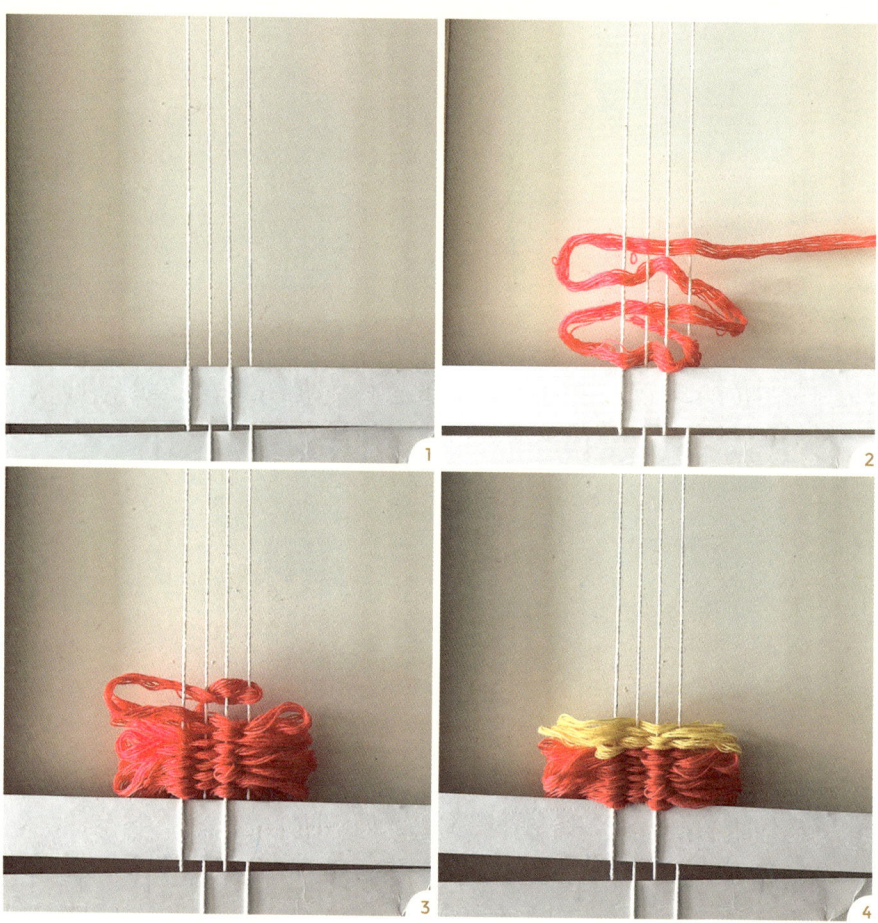

위빙 앳 홈

Pendant 4 ♯

1. 위빙 틀에 날실을 4줄 세팅해 줍니다.

2. 자주색 실로 사진과 같이 길고 느슨하게 양쪽을 남기며 위빙합니다.

3. 양쪽으로 3cm 정도씩 길게 빼 주며 원하는 높이만큼 쌓아 주세요.

4. 노란색 실도 자주색 실과 동일한 방법으로 느슨하게 위빙하면 되는데요. 이번에도 원하는 높이만큼 자유롭게 단을 쌓아 주세요. 책에서는 노란색 실이 포인트가 되도록 4단만 위빙했습니다.

위빙 앳 홈

5. 인디언핑크색과 겨자색 실까지 앞의 과정과 동일한 방법으로 느슨하게 위빙해 주세요. 겨자색 실을 마지막으로 마무리합니다.

6. 위빙 틀의 위, 아래로 고정되어 있는 날실을 조심스럽게 잘라 장식을 떼어 냅니다. 위, 아래의 날실을 2줄씩 겹쳐 기본 매듭으로 묶고 짧게 잘라 주세요. 나비와 비슷한 형태가 될 거예요.

7. 양쪽에 둥글게 연결된 실 사이로 가위를 넣어 잘라 주세요.

8. 양쪽의 실을 모두 펼치면 4번째 펜던트 완성입니다.

위빙 앳 홈

Pendant 5 ♯

1. 위빙 틀에 날실을 2줄만 세팅해 줍니다.

2. 버건디색 실을 골라 위빙합니다.

3. 버건디색 씨실을 원하는 높이만큼 쌓은 후 연보라색 실을 골라 동일한 방법으로 위빙합니다.

4. 이번 펜던트는 5가지 색을 사용할 예정입니다. 총 높이 14cm가 될 때까지 자유롭게 색을 바꿔가며 위빙해 주세요.

5. 위빙 틀의 위, 아래로 고정되어 있는 날실을 조심스럽게 잘라 장식을 떼어 냅니다. 위, 아래의 날실을 2줄씩 겹쳐 기본 매듭으로 묶고 짧게 잘라 주세요. 5번째 펜던트가 완성되었습니다.

위빙 앳 홈

마무리하기
✽

1. 앞에서 만든 5개의 펜던트에 붉은색 면사를 달아 주세요. 돗바늘을 활용해 펜던트에 면사를 달아 줍니다.

2. 약 30cm 길이의 나뭇가지를 준비해 붉은색 면사를 단 펜던트를 묶어 주세요. 기울어지지 않게 균형을 맞추는 것이 중요합니다. 독특한 펜던트 위빙 모빌이 완성되었습니다.